# 中國學術思想 研究輯刊

## 十五編

林慶彰 主編

## 第 4 冊

### 《春秋》內、外《傳》筮法之「八」考訂（上）

盧秀仁 著

花木蘭文化出版社

國家圖書館出版品預行編目資料

《春秋》內、外《傳》筮法之「八」考訂（上）／盧秀仁 著
— 初版 — 新北市：花木蘭文化出版社，2013〔民102〕
目 4+152 面；19×26 公分
（中國學術思想研究輯刊 十五編；第 4 冊）
ISBN：978-986-322-110-4（精裝）
1. 春秋（經書） 2. 左傳 3. 研究考訂
030.8                                        102001942

ISBN-978-986-322-110-4

中國學術思想研究輯刊
十五編　第 四 冊                    ISBN：978-986-322-110-4

《春秋》內、外《傳》筮法之「八」考訂（上）

作　　者　盧秀仁
主　　編　林慶彰
總 編 輯　杜潔祥
出　　版　花木蘭文化出版社
發 行 所　花木蘭文化出版社
發 行 人　高小娟
聯絡地址　235 新北市中和區中安街七二號十三樓
　　　　　電話：02-2923-1455／傳真：02-2923-1452
網　　址　http://www.huamulan.tw 信箱 sut81518@gmail.com
印　　刷　普羅文化出版廣告事業
封面設計　劉開工作室
初　　版　2013 年 3 月
定　　價　十五編 18 冊（精裝）新台幣 30,000 元

# 《春秋》內、外《傳》筮法之「八」考訂（上）

盧秀仁　著

## 作者簡介

　　盧秀仁，任教於正修科技大學通識中心，另於高雄市長青學苑教授《易經》與《易經》環境學等課程，現於國立中山大學博士班從事《易學》相關研究。

　　筆者嘗因緣際會接觸堪輿、命理等相關學科，洎此即與《易學》，尤其象數《易學》結下不解之緣；常嘆「學海果然無涯，惟勤方始得岸。」是以治學猶持「戰戰兢兢，如臨深淵，如履薄冰」之態；同然於本書之般，正致力於《易學》另類爭議問題之探討，期於不久之將來，可獲足供酌參之結果。

## 提　　要

　　〔唐〕柳宗元曾言：「君子之學，將有以異也，必先考究其書，究窮而不得焉，乃可以立而正也。」末學才疏意廣，已知無可抵柳氏所言之境界，然疑而考究之心或恐未及，惟亦无遠矣！凡接觸「變卦」之說者，必對之「八」問題產生疑惑與興趣，本文即為此殫精竭慮，窮索考辨，雖略有成，然所得或如管窺蠡測，未能滿足浩瀚學海，惟所論之言，蓋可重啟思慮之方，當不為過。

　　《左傳》、《國語》記載卦例總計二十三則，與《周易》筮法相關者僅止十七筮例，其中特有三例：《左傳‧襄公九年》「遇〈艮〉☶ 之八」、《國語‧晉語》「得貞〈屯〉☵ 悔〈豫〉☷ 皆八」、「得〈泰〉☷ 之八」，咸與其餘十四則筮例、六則卦例，全然不類。本論文即專就三「八」筮例，加以審省考覈深入研討，以期明了三「八」筮例真正本義。

　　經研究得知，現存《周易》筮法「大衍之數」咸洎【東漢】鄭玄（127-200 年）《易緯乾鑿度》之注說而來。且依其之論獲知《周禮‧大卜》所稱「《連山》、《歸藏》、《周易》」三《易》來源盡皆一般，且三者「大衍之數」全然相垺，策數「六、七、八、九」亦且不殊，更且「老陰、少陽、少陰、老陽」之屬亦歸同然。又且證實內、外《傳》三「八」筮例，其成卦之法咸非《周易》筮法，其「八」字實為「不變陰爻」策數「八」義之象徵，更且「貞」、「悔」二字確然即指筮法成卦之「內卦」及「外卦」，絕非歷來所稱「本卦」與「之卦」。況且「得貞 ☵〈屯〉悔〈豫〉☷ 皆八」為兩筮所得兩卦之結果，咸非本卦、變卦因果遞嬗之關係。更於本研究得知《歸藏易》確曾存在之事實，然三「八」筮例成卦之法，究屬《連山》抑《歸藏》則尚無定論。

　　經本文之研究，發現三「八」筮例成卦之法，與出土戰國楚簡數字卦似存有尚不為人知之關係，抑或與《連山》、《歸藏》成卦之法恐有關連，惟尚待更多材料之出土，且須持續深入之研究，方可獲致期盼之解答。

目次

# 第一章　緒　論

　　《左傳》、《國語》二者並稱《春秋》內、外傳，其所載實際用以占筮之
筮例加總不過十七則，不若卜例之繁多，舉凡研究《周易》筮法者，莫不視
《左傳》、《國語》紀載之筮例，為現今僅存文字記錄之古筮法。其「成卦之
法」雖未詳有交代，然洎有漢以降，「互體」、「卦變」、「象數」演《易》之產
生，尚鋪顯其有力之張本。揆諸歷來方家，針對僅存於《左傳》、《國語》筮
法中，有關之「八」、皆「八」筮例，無不費盡心思考究分析其真正代表之含
義，惟所得答案猶令人疑惑叢生無以釋然。本文旨就諸家所論《左傳》「〈艮〉
☶ 之八」、《國語》「〈泰〉 ䷊ 之八」、「貞〈屯〉 ䷂ 悔〈豫〉 ䷏ 皆八」上述
三「八」者，重新探索，詳加研究，以期千百年來困擾眾方家之確然本義與
成卦之法，得以真象大明，昭然於世。

## 第一節　研究動機與目標

　　考《國語》稱之為《春秋外傳》者，昉於〔東漢〕班固（32～92）。其於
《漢書》中援引《國語・周語下》：一、「顓頊之所建也，帝嚳受之」，二、「王
以二月癸亥夜陳」；〔註1〕〈楚語下〉：「少昊之衰，九黎亂德，顓頊受之，乃

──────────
〔註1〕　詳參〔東漢〕班固撰：〈律曆志下〉，《漢書》，收錄《二十五史》（臺北：臺灣
　　　　開明書店，1934 年），頁 378。

命重黎。」〔註2〕；〈周語上〉：「日祭、月祀、時享、歲貢、終王」〔註3〕等諸條例前，咸加「《春秋外傳》或《外傳》曰」之語。是以，稱《國語》爲《春秋外傳》之名者，始于班固。且《左傳》又稱《春秋內傳》，肪於〔唐〕劉知幾（661～721）之《史通》，其言：

> 《國語》家者，其先亦出於左丘明。既爲《春秋内傳》，又稽其逸文，纂其別說，分周、魯、齊、晉、鄭、楚、吳、越八國事，起自周穆王，終於魯悼公，列於《春秋外傳》。〔註4〕

由劉氏之稱「《春秋內傳》」一詞與國語「《春秋外傳》」比較，即可推知劉知幾所謂《春秋內傳》乃指《左傳》云爾。

《左傳》所紀卜例計六十四則，《國語》猶列十例，二者相關占卜之記載加總計有七十四則。〔註5〕然《左傳》、《國語》言及《周易》相關事者計二十三例，其中藉引《周易》卦、爻《象》辭，以說明諸般人物端緒、吉凶悔吝原由，咸與筮法全然無涉，非屬占筮之例者計有六例，惟以占筮之法求占問事之卦例僅祇十七則耳。且與占卜事則相較，其數比例之懸殊，誠如《左傳·僖公四年》所云：「筮短龜長，不如從長」〔註6〕之般，俾人斗然產生「春秋」時期，果眞存有「重卜輕筮」之慮？惟此，本欲一窺其時筮法之究竟，反自其中得見之「八」、皆「八」筮例與他則迥然之迷惑，故而觸引極欲深入探索之企圖；然亦由此發現卦例之數，歷來竟有二十二則、二十三例說之差異，致使全然開展研究之決心肪始啓迪，更且深致祈望，謹藉本文之研究，得以獲致三「八」筮例之眞相與其筮法之眞諦。

---

〔註2〕 〔東漢〕班固撰：〈律曆志下〉，《漢書》，收錄《二十五史》（臺北：臺灣開明書店，1934 年），頁 379。
〔註3〕 同上註，頁 544。
〔註4〕 詳參〔唐〕劉知幾撰：〈六家第一〉，《史通》，收錄《四部叢刊初編史部》（上海：上海商務印書館縮印〔明〕張鼎思覆校陸深本，出版年不詳），第 1 卷，頁 7。
〔註5〕 詳參周少豪先生著：〈先秦卜筮探論〉，《長榮大學學報》第 11 卷第 1 期（2007 年），頁 76～82。
〔註6〕 參閱〔周〕左丘明傳，〔西晉〕杜預注，〔唐〕孔穎達正義：《春秋左傳正義》（北京：北京大學出版社，2000 年），卷第 12，頁 383。（按：以下凡有資料引自本書，均簡稱爲十三經注疏本《春秋左傳正義》。）

## 第二節　研究範圍與方法

　　研究內、外《傳》筮法「之八」、「皆八」筮例，首須比較《傳》內其餘諸例，方始得悉彼此相異、相垺之處，且能從中獲取最了然之解答。

　　高亨（1900～1986）先生曾言：

> 楊樹達先生作《周易古義》把《左傳》、《國語》裡有關講論《周易》的記載都編入書中，給予我們很大的便利。兩書中這類記載共二十二條，多數比較難懂，參考《左傳》、《國語》的注釋，也有不能解決的問題。〔註7〕

依高氏所稱，可知其謂內、外《傳》二十二條卦例之根據，乃依楊樹達先生（1885～1956）《周易古義》之記載而來，且對楊氏之說，推崇備至，確信不疑。劉大鈞先生亦謂：「《左傳》《國語》中與《周易》和其它筮書有關的記載，共有二十二條。」〔註8〕惟劉先生並無詳列該二十二條細目，僅云：

> 《國語》中無一爻變筮例。《左傳》中有關一爻變的筮例，共有十一條記載；二爻變筮例，《左傳》《國語》及其它先秦典籍，皆无記載；三爻變筮例，考之《左傳》，也沒有記載。《國語》中有兩條記載。
>
> 〔註9〕

劉先生稱一爻變筮例計十一條，咸存於《左傳》之中，且內、外《傳》均無二爻變筮例，三爻變者祇於《國語》有兩則。又言：

> 四爻變之卦，考之《左傳》《國語》及其它先秦典籍，皆無記載；五爻變筮例，《國語》不載，只有《左傳》中有一條記載。〔註10〕

劉氏再謂內、外《傳》及其它先秦典籍之中，咸無四爻變筮例之記載，且五爻變者猶僅《左傳》之中錄有一則。抑稱：

> 六爻全變之卦，《左傳》《國語》及其它先秦典籍中皆無記載；六爻

---

〔註7〕見高亨先生著：〈《左傳》《國語》的《周易》說通解〉，《周易雜論》，（濟南：齊魯書社，1981年），頁73。

〔註8〕參閱劉大鈞先生著：〈《左傳》《國語》筮例〉，《周易概論》（濟南：齊魯書社，1988年），頁109。

〔註9〕同上註，頁120。

〔註10〕同上註，頁127。

　　不變之卦，《左傳》中有兩條筮例。〔註11〕

劉氏言內、外《傳》中均無「六爻全變」之卦，惟「六爻不變」者，僅於《左傳》之中存有二例。更且劉氏將《國語・晉語四》：「得〈泰〉䷊之八」列屬「不知幾爻變」之例。〔註12〕若此，歸結劉氏所論筮例數：（一爻變）11＋（三爻變）2＋（五爻變）1＋（六爻不變）2＋（〈泰〉䷊之八）1＝17。倘再加上與筮法無關之例6則，亦該有二十三條例，然劉先生昉始咸稱「二十二例」，其中之誤差，乃考證之疏忽抑手民之誤？若依愚考據「一爻變」筮例確僅十則改之計算，則前述總合，始如劉氏所稱之「二十二例」，惟同然缺漏一例，經考所遺者，乃「無爻變」筮例一則，若此，「六爻不變」筮例，實際本該三則。今學者，申論《左傳》《國語》筮例，幾受高亨、劉大鈞兩先生之影響，諸如吳前衡（1945～2003）先生亦稱：

　　　《左傳》和《國語》共記載筮案二十二例二十七條，卦象和卦爻辭
　　　出現五十一處，涉卦三十一種，它們為春秋《易》文本提供了結構
　　　和內容的證據。〔註13〕

吳先生統計《左傳》、《國語》「筮案二十二例二十七條」，雖於「筮案」中之「筮例」細分其「條目」，惟猶然少列「一例一條」。夷考內、外《傳》屬占筮筮案者載於：「《左傳・莊公二十二年》、〈閔公元年〉、〈閔公二年〉、〈僖公十五年〉、〈僖公二十五年〉、〈成公十六年〉、〈襄公九年〉、〈襄公二十五年〉、〈昭公五年〉、〈昭公七年〉、〈昭公十二年〉、〈哀公九年〉；《國語・周語下》、〈晉語四〉」〔註14〕計十四處，其中《左傳・僖公十五年》列有二例──「其卦遇〈蠱〉䷑」〔註15〕、「遇〈歸妹〉䷵之〈睽〉䷥」〔註16〕；〈昭公七年〉

---

〔註11〕參閱劉大鈞先生著：〈《左傳》《國語》筮例〉，《周易概論》（濟南：齊魯書社，1988年），頁133。

〔註12〕同上註，頁130～133。

〔註13〕參閱吳前衡著：〈春秋《易》文本〉，《中國文化月刊》200期（1996年6月），頁53。

〔註14〕詳於第二章，逐條分析。

〔註15〕十三經注疏本《春秋左傳正義》（北京：北京大學出版社，2000年），卷第14，頁429。

〔註16〕同上註，頁435。

亦合二例——「遇〈屯〉䷂」〔註17〕、「遇〈屯〉䷂之〈比〉䷇」〔註18〕；《國語・晉語四》紀有二例——「得貞〈屯〉䷂悔〈豫〉䷏皆八」〔註19〕、「得〈泰〉䷊之八」〔註20〕，是以十四處筮案載有占筮卦例十七例即十七條。

　　非屬占筮之筮案，紀於：「《左傳・宣公六年》、〈宣公十二年〉、〈襄公二十八年〉、〈昭公元年〉、〈昭公二十九年〉、〈昭公三十二年〉」〔註21〕等六處，其中〈昭公二十九年〉列有〈乾〉䷀之〈姤〉䷫、〈乾〉䷀之〈同人〉䷌、〈乾〉䷀之〈大有〉䷍、〈乾〉䷀之〈夬〉䷪、〈乾〉䷀之〈坤〉䷁、〈坤〉䷁之〈剝〉䷖等六條，〔註22〕若此六處非屬占筮之筮案即六例十一條，故而總計筮案：「二十處二十三例二十八條」，《左傳》載有「十七處二十例二十五條」；《國語》則有「三處三例三條」。然吳氏猶稱：「《左傳》筮案十九例二十四條」〔註23〕，尚缺漏一例一條，檢覈其臚列之內、外《傳》所有卦例，〔註24〕獨遺《左傳・昭公七年》：「遇〈屯〉䷂」無爻變筮例，是以僅謂：「共記載筮案二十二例二十七條」，所犯同然於高亨、劉大鈞一斑。

　　歐陽維城則提出：

> 現在流傳下來的較早的有關占筮的文字記載，見于《左傳》和《國語》。兩書中共有涉及《周易》的記載 22 條，其中有 6 條是引用《周易》以說明或評論事理的，關于占筮的有 16 條，其中有 14 條涉及卦變。〔註25〕

歐陽先生稱《左傳》、《國語》兩書涉及《周易》記載筮例 22 條，其中 6 條援

---

〔註17〕十三經注疏本《春秋左傳正義》（北京：北京大學出版社，2000 年），卷第 44，頁 1445。
〔註18〕同上註。
〔註19〕參閱〔周〕左丘明撰，〔吳〕韋昭注：〈晉語四〉，《國語》（臺北：臺灣中華書局，1966 年據《士禮居黃氏重雕本》校刊），卷第 10，葉 10。
〔註20〕同上註，葉 11。
〔註21〕此六則，另於第二章敘述。
〔註22〕參閱十三經注疏本《春秋左傳正義》，卷第 53，頁 1735～1736。
〔註23〕參閱吳前衡著：〈春秋《易》文本〉，《中國文化月刊》200 期（1996 年 6 月），頁 54。
〔註24〕同上註，頁 60～65。
〔註25〕請參歐陽維誠《左傳》《國語》中變占新考〉，《長沙水電師院學報》第 6 卷第 4 期（1991 年 11 月），頁 61。

引《周易》評述事理，屬占筮者 16 條，之中 14 條爲卦變筮例，換言之，所餘二例則屬「不變爻」筮例，猶然缺漏一條。孫國珍先生亦云：

> 《左傳》中有關一爻變的筮例，共有十一條記載；關于三爻變的筮例，《左傳》沒有記載，《國語》中則有兩條記載；五爻變的筮例，只有《左傳》中有一條記載；六爻皆不變的卦，《左傳》也有兩條例；此外，六爻全變之卦、四爻變之卦、二爻變之卦，考《左傳》、《國語》及其他先秦典籍中皆无記載。〔註26〕

孫先生猶言《左傳》有關一爻變筮例計十一則，三爻變筮例《國語》兩例，五爻變者，僅《左傳》一例，六爻皆不變者於《左傳》存有兩則，且六爻全變及二，四爻變筮例，內、外兩《傳》暨其他先秦典籍咸無記載。其論幾承劉大鈞之說，僅無言及「〈泰〉▆▆之八」筮例之差別爾。史善剛先生且謂：

> 變卦的出現，最早見之于春秋時期的《左傳》《國語》。《左傳》中有關一爻變的筮例，共有十一條記載；三爻變筮例，《國語》中有兩條記載；五爻變筮例，唯有《左傳》中的一條記載。〔註27〕

史先生亦稱《左傳》一爻變筮例計十一條；三爻變筮例於《國語》中有兩則；五爻變筮例，僅《左傳》列有一例。雖無論及「無爻變」、〈泰〉▆▆之八筮例，然所云誠爲劉氏之翻版。張朋先生猶言：

> 《左傳》、《國語》中存有 22 條春秋時代《周易》應用的記載，其中大部分是對占筮結果的解釋與闡發。〔註28〕

張氏同然采論 22 條筮例之說。故此，綜合諸家上列之言，可謂咸皆承引劉大鈞《周易概論》之述而來。

　　另聶玉海先生則舉高亨之言：

> 《左傳》中有 19 條春秋時用《周易》占事或論事的記錄，這是當時

---

〔註26〕　參閱孫國珍：〈《周易》與占筮〉上篇，《內蒙古電大學刊》（哲學社會科學版）第 2 期（1994 年 2 月），頁 3。
〔註27〕　參閱史善剛先生：〈數字卦與簡帛易〉，《中州學刊》第 6 期（2005 年 11 月），頁 146。
〔註28〕　請參張朋：〈數字卦與占筮－考古發現中的筮法及相關問題〉，《周易研究》2007年第 4 期，頁 10。

人們應用《周易》的實例。〔註29〕

聶氏此說，倘加上《國語》三則筮例，同然僅袛二十二例。廖名春先生亦謂：

> 《左傳》、《國語》中涉及《周易》的記載共二十二條，其中有三條「向無人能說其究竟也」，最爲難解。〔註30〕

廖氏兼采高亨、劉大鈞所謂「二十二條」筮例之論，且明言三「八」筮例最爲難解，「向無人能說其究竟」。余培林先生且稱：

> 細看《左傳》十九次占例，有四次只有本卦，沒有之卦，是未求之卦，還是求而未得，不可知曉。另十五次中，有十四次都是一爻變，一次三爻變〔註31〕，就是『〈艮〉☶☶之八』。〈昭公二十九年〉那次是論變爻，而非實占（未計入十九次中），也只論一爻變和卦變，沒有論及二爻至五爻變。《國語》中有三次變占，一次「〈乾〉☰☰之〈否〉☷☰」，是三爻變；一次「貞〈屯〉☳☵悔〈豫〉☳☷皆八」，是五爻變〔註32〕；另一次「〈泰〉☷☰之八」，不知幾爻變。由這二十多次占例來看，一爻變最多，應該是其常態；多爻變一共只有三至四次，應該是其異態。〔註33〕

歷來諸家於內、外《傳》筮法之考據數幾皆「二十二條」例，蓋於「六爻不變」筮例數之差別爾，惟獨余培林先生筮例統計之內容尤有出入，差異頗大。

周少豪先生於〈先秦卜筮探論〉一文中說：

> 整部《左傳》引用《周易》者，共有十九條。但其中有六條並非卜筮用的占辭，而是援引《周易》的卦爻辭來說明事物的源由或人事

---

〔註29〕參閱聶玉海：〈《左傳》記載的《周易》應用情況〉，《殷都學刊》第 2 期（1997 年 2 月），頁 24。

〔註30〕參閱廖名春先生著：〈《左傳》、《國語》易筮言「八」解〉，發表於「中山人文思想暨第六屆海峽兩岸《周易》學術研討會」（臺北：國父紀念館，2009 年 11 月 28～29 日），頁 1。

〔註31〕按：原文恐係筆誤，爲尊作者，猶依原文刊載；應更正爲「五爻變」。

〔註32〕按：原文恐係筆誤，爲尊作者，猶依原文刊載；應更正爲「三爻變」。

〔註33〕參閱余培林先生著：〈《左傳》、《國語》「之八」舊說質疑〉，《中國學術年刊》第 29 期（秋季號）（2007 年 9 月），頁 9～10。

之吉凶，見於宣公六年、十二年、襄公二十八年、昭公元年、二十九年、三十二年，因此筆者不予採入。〔註34〕

此處周先生考據《左傳》引用《周易》筮例，計十九條，再加上《國語》三條，猶然僅祇二十二條筮例，尚且缺漏一例。雖其考證非屬占筮卦例六則，契合《左傳》實際內容，然筮例獨缺一條，稍嫌遺憾。今大陸學者程曦曾言：

> 《左》、《國》有筮例十六處，因《國語·晉語》「得貞〈屯〉☷☳悔〈豫〉☳☷皆八也」與《左傳·昭公七年》「衛孔成子筮立公子元」各筮了兩次，故共有十八個筮例，在這十八個筮例中，除去「之八」、「皆八」涉及的四例之外……，另十四例，一爻變的爲十例，三爻全變的爲一例，三爻全不變的爲三例，……。〔註35〕

程氏稱內、外《傳》屬占筮筮例計「十六處」之說，恐有疏誤。惟其視「得貞〈屯〉☷☳悔〈豫〉☳☷皆八」爲兩次占筮結果，可謂開大陸眾家之「先河」，且云《左傳·昭公七年》載有兩次之占筮，足見其已發覺〈昭公七年〉除「遇〈屯〉☷☳之〈比〉☵☷」尚有「遇〈屯〉☷☳」之筮，若此堪稱大陸學者之「前列」。

其言「十八個筮例」，扣除「之八」、「皆八」四例（貞〈屯〉☷☳悔〈豫〉☳☷視爲〈屯〉☷☳、〈豫〉☳☷兩筮），餘十四例，包含「一爻變」者十例，「三爻變」者一例，「三爻不變」者三例，咸皆吻合實際占筮筮例之數。然其言及「兩筮」者，竟無羅列《左傳·僖公十五年》〔註36〕，或同然「十六處」重複計算之疏忽，〔註37〕是以有所遺誤，惟並無影響實際占筮筮例

---

〔註34〕 參閱周少豪先生：〈先秦卜筮探論〉，《長榮大學學報》第 11 卷第 1 期（2007年 6 月），頁 86，註 37。

〔註35〕 參閱程曦：〈貞悔考釋〉，《安慶師範學院學報》第 21 卷第 1 期（2002 年 1 月），頁 50。

〔註36〕 按《左傳·僖公十五年》亦有兩筮。一筮無爻變「其卦遇〈蠱〉☶☴」；一筮一爻變「遇〈歸妹〉☳☱之〈睽〉☲☱」。

〔註37〕 按：內、外《傳》與占筮有關之筮例，合計「十四處」，其中載有占筮卦例十七例即十七條。依程曦算法，十七例加上「貞、悔」多出一例，則爲十八例，亦即十八條。今以十八爲基數扣除「貞、悔」兩例及「得〈泰〉☷☰之八」、「遇〈艮〉☶☶之八」，則僅剩十四例，此十四例即爲一爻變者十例，三爻變者一例，無爻變者三例。是以程曦「十六處」之說已有重複計算之例。愚推測其

數之統計。

　　大陸學者黃開國先生之後亦明白指出：「《左傳》、《國語》中所存關于《周易》的史料有 23 條。」〔註38〕然其認爲僅「昭公 29 年」、「昭公 32 年」二條非屬筮例，則未免有失允當。〔註39〕清人李道平（1788～1844）於其所著《易筮遺占》中，且已詳列包含不變爻三例、各爻變十四例，總計 17 則《左傳》、《國語》中與占筮有關之筮例，雖說其內容與本論文相關之命題尚須比較檢討，惟條目之清晰明確，誠可作爲吾人相關議題研究之參考。〔註40〕

　　確立內、外《傳》筮法諸例十七則後，且將之八、皆八筮例予之比較，觀察其間彼此之異同，並參證歷代迄今眾方家論及之八、皆八筮例之觀點，逐一考校、辨析，從中體悟眾家說法隱藏之矛盾，更自此尋察問題癥結之所在，詳予論辯。且於研究過程，發現由於之八、皆八筮例存在之因素，以致「貞」、「悔」字義，迄今已然形成「習非成是」之錯誤觀念猶須導正；尚有爲解該例，另從《周易》筮法衍生自創甚且蔚爲風氣，然卻不知其爲自相反背之「宜變」公式，更須辯證。進而爲能求解之八、皆八筮例成卦之法爲何，特嘗試考覈剖析今日之出土材料，期能由中獲至具體之成果。是以爲便於全面梳理審省之進行，故予分章編排研究之脈絡暨範圍。

　　本論文共分七章──第一章「緒論」：旨於綜述本文研究之動機與目標、研究之範圍暨方法以及眾方家當今之研究成果檢討。第二章「內、外《傳》筮例概述」：旨就臚列《左傳》、《國語》與《周易》相關總計二十三則之範例，且予彰明實際用以占筮之十七條例，藉以凸顯之「八」、皆「八」獨特之筮例。第三章「歷代諸家筮法『之八』、『皆八』說」：闡述上洎東漢，下迄南宋諸家，攸關之「八」、皆「八」筮例所言之解釋，且予提出眾家之論有所衝突矛盾之

---

　　或重複「貞、悔」、「昭公七年」因兩筮則視爲四處，故形成十六處之誤，恐說未定。

〔註38〕詳見黃開國：〈春秋時期的《易》筮〉，《玉溪師範學院學報》第 20 卷 2004 年第 11 期，頁 20。

〔註39〕同上註。

〔註40〕參閱〔清〕李道平：《《國語》》，《易筮遺占》，收入嚴靈峯編輯：《無求備齋易經集成》154 冊（臺北：成文出版社，1976 年據清光緒十七年刊《湖北叢書》本影印），頁 7～30。

處。第四章「『貞』、『悔』之疑義與筮法『之八』、『皆八』之關係」：「貞」、「悔」之字義，昉於《左傳・僖公十五年》之傳文：「〈蠱〉䷑之貞，風也；其悔，山也」〔註41〕業已章顯無疑，然洎乎〔南宋〕程迥（？）、朱熹（1130～1200）以降，為求貞〈屯〉䷂悔〈豫〉䷏皆「八」得以注解，故衍生不同之說法，直至今日猶然沿襲承用，已然「習非成是」，若此，本章將予闡釋且以導正。第五章「不變、可變與宜變之爭議與筮法『之八』、『皆八』之關係」：自來為求之「八」、皆「八」筮例得以能解，眾方家莫不費盡心思，巧立名目，多方設法。更有衍生於《周易》筮法傳統「變爻與不變爻」之觀念暨運用《繫辭上傳》所言之「天地總數五十五」與「四營之數——七、九、八、六」，所自創出之「宜變爻」計算法。其法無非為能獲至三「八」筮例之圓滿解釋，另於「變與不變爻」間，巧立稱之「宜變」爻之「變卦」計算公式，所行看似合理，然卻矛盾叢生，此說影響甚深，且有極力跟從標榜者，是以本章就其理論之爭議提出質疑與駁斥。第六章「筮法『之八』、『皆八』之真象」：摒除歷代迄今諸家註解三「八」筮例，諸般無可成立之矛盾與疑惑，暨堅持貞、悔且為內、外卦說之信然；採正、反雙向求證之辨析，於本章得以確立內、外《傳》僅存之三「八」筮例，其「八」字真實隱涵之相垿意義，進而確然所采之筮法絕非《周易》，更且得證貞〈屯〉䷂悔〈豫〉䷏皆八誠非單一本卦、之卦筮例而乃連為兩筮之結果。第七章「結論」：更藉出土戰國乃至周初數字卦材料與三「八」筮例之對照，以分析、判斷《連山》、《歸藏》筮法是否曾經存在之真實性，且比較、辯證與三「八」筮例彼此可能之關係，期以求得最能契合真象之筮法答案；更且審省現今出土材料之佐證仍嫌不足之處以及顯示未來所能深入探索之方向。

## 第三節　當今研究成果之檢討

專著以解《春秋》內、外《傳》「之八」、「皆八」筮法之疑者於今幾無，

---

〔註41〕參閱十三經注疏本《春秋左傳正義》（北京：北京大學出版社，2000年），卷第14，頁429。

僅於學位論文中或有提及或屬他著間有陳述或僅單篇研論者。然觀諸內容所云「貞」、「悔」，咸爲「本卦」、「之卦」說；「八」字解釋，且往往一「八」數解，甚有「無解」者；更有自創筮法名曰「盲卦」者；卦例數之統計皆窘於二十二條例，雖見有一篇言及筮法十七則，列有〈昭公七年〉「其卦遇〈屯〉䷂」，然因無陳〈昭公二十九年〉蔡墨論「龍」非屬筮法之例者，終究卦例合計同然二十二則，與他人無甚差異。是以綜觀諸般種種之解釋，迄今猶然無可令人滿意之期待。

## 一、學位論文

李國璽先生於其論文中提及：

> 一爻變筮例：《左傳》十三例，《國語》無；三爻變筮例：《左傳》無，《國語》二例；五爻變筮例：《左傳》一例，《國語》無；六爻不變筮例：《左傳》二例，《國語》一例。〔註42〕

其稱內、外《傳》之筮例合計：（一爻變）13＋（三爻變）2＋（五爻變）1＋（六爻不變）（2＋1）＝19 例。且於之後解釋內、外《傳》「運用筮占來決策」之卦例十六則，〔註43〕「僅是以《周易》之卦辭或爻辭來進行論述」〔註44〕者計六例，〔註45〕合計二十二例。其將「《左傳·宣公六年》：『〈豐〉䷶之〈離〉䷝』；《左傳·宣公十二年》『〈師〉䷆之〈臨〉䷒』；《左傳·襄公二十八年》：『〈復〉䷗之〈頤〉䷚』」等三則引《周易》論述之例，亦視爲筮法「一爻變」筮例，〔註46〕若此加之內、外《傳》原僅十條「一爻變」筮例，故計得「一爻變」者十三條，且均載於《左傳》之中。

另《國語·晉語》：「得〈泰〉䷊之八」因無論證，〔註47〕故列爲「不知幾爻變」筮例；「無變爻」筮例缺列《昭公七年》：「遇〈屯〉䷂」之例，雖

〔註42〕李國璽：《由春秋時期的筮策占斷論《易經》的詮釋與運用》（中壢：國立中央大學哲學研究所碩士論文，2000 年），頁 12。
〔註43〕同上註，頁 14～15。
〔註44〕同上註，頁 14。
〔註45〕同上註，頁 15～16。
〔註46〕同上註，頁 15。
〔註47〕同上註，頁 15，註解 23。

於論文之中曾有言及，然卻與「遇〈屯〉☰之〈比〉☰」同列一例，未另區分爲「無變爻」筮例，〔註48〕反將假《周易》引論人事非屬占筮之「《左傳・昭公元年》：『在《周易》，女惑男，風落山，謂之〈蠱〉☰』」，〔註49〕歸爲「不變」〔註50〕爻者，是以所稱「六爻不變筮例」同然計有「三例」。其言：

> 晉國公子重耳想憑秦國兵力，奪取晉國，於是占了一卦，遇到〈屯〉
> 卦☰之〈豫〉☰。所謂：『得貞〈屯〉☰悔〈豫〉☰。』是因爲
> 古人稱本卦爲貞，稱之卦爲悔。〔註51〕

猶然沿襲「古人」貞爲本卦，悔爲之卦，視「《國語・晉語》：『貞〈屯〉☰悔〈豫〉☰皆八』」〔註52〕屬「三爻變」〔註53〕筮例；「皆八」註稱：「據韋昭之說，……〈震〉陰爻在貞在悔皆不動，故曰『皆八』。」〔註54〕「〈泰〉☰之八」其「八」字註以：「據韋昭注，陰爻不動。」〔註55〕〈艮〉☰之八之「八」字並無解釋，僅稱：「遇〈艮〉☰之八，史曰：『是謂〈艮〉☰之〈隨〉☰』」。〔註56〕

肖滿省先生於其論文中言及：

> 《左傳》一書中記載了十九條運用《周易》的例子，其中的十六條
> 都是用來占測未來的；《國語》記載筮例三條，也都是用于占測。
>
> 〔註57〕

肖先生稱《左傳》一書運用《周易》之筮例計十九條，其中十六條用以占測未來，《國語》記載筮例三條，加總依然二十二條，所論卦例數咸承大陸諸

---

〔註48〕 李國璽：《由春秋時期的筮策占斷論《易經》的詮釋與運用》（中壢：國立中央大學哲學研究所碩士論文，2000年），頁28。
〔註49〕 同上註，頁15。
〔註50〕 同上註。
〔註51〕 同上註，頁30。
〔註52〕 同上註，頁15。
〔註53〕 同上註，頁15。
〔註54〕 同上註，頁15，註解21。
〔註55〕 同上註，頁15，註解22。
〔註56〕 同上註，頁14。
〔註57〕 肖滿省：《從《左傳》、《國語》看春秋卜筮之道與《易》學的關係》（福州：福建師範大學中國古代文學碩士論文，2007年），頁Ⅳ。

般學者之說，不符「實際占筮十七條與非占筮六則」，合計二十三例之數。
且云：

> 「變卦」在《左傳》《國語》中有非常充分的記載，《左傳》運用《周
> 易》進行占筮的共有十四處，其中有十一處是通過「變卦」進行的。
> 《國語》運用《周易》進行占筮的共有三處，其中就有兩處是用「變
> 卦」。〔註58〕

肖氏此謂《左傳》運用《周易》進行占筮計十四處，其中十一處是通過「變
卦」形式進行。此言符合《左傳》三處「不變爻」、十處「一爻變」、一處「〈艮〉
☶之八」，是謂〈艮〉☶之〈隨〉☱」合計「十四處」之數目統計，惟視「〈艮〉
☶之八」筮法爲「運用《周易》」或有待商榷，且依一處對應一條例，猶僅
「十四」例，與上稱「十六條」前後不合，然其似未查覺；言《國語》運用
《周易》占筮則有三處，符合《國語》「遇〈乾〉☰之〈否〉☶」〔註59〕、
「得貞〈屯〉☵悔〈豫〉☳皆八」、「得〈泰〉☷之八」三處筮例。稱兩處
用「變卦」，當指前二者，若然，其視「得貞〈屯〉☵悔〈豫〉☳皆八」爲
三爻變筮例，「得〈泰〉☷之八」即無爻變之筮，則同然因襲舊說，了無創
見，且「皆八」、「之八」兩則筮法，是否歸屬《周易》尚待考證，逕稱「運
用《周易》」誠屬草率。更謂：

> 用筮遇本卦進行的斷占有：①僖公十五年秦伯伐晉，卜徒父筮得《蠱》
> 卦；②成公十六年晉敗楚鄢陵筮得《復》卦；③《國語》載董因筮
> 重耳返國〔註60〕

肖先生此言〈僖公十五年〉「得〈蠱〉卦☶」、〈成公十六年〉「得〈復〉卦☷」、
《國語》「得〈泰〉☷之八」三者，爲「用筮遇本卦進行斷占」屬「六爻皆
无變動」〔註61〕之筮，前二者載於《左傳》，後者紀於《國語》，所列無爻變

---

〔註58〕 肖滿省：《從《左傳》、《國語》看春秋卜筮之道與《易》學的關係》（福州：
福建師範大學中國古代文學碩士論文，2007年），頁IV。

〔註59〕 參閱〔周〕左丘明撰，〔吳〕韋昭注：〈周語下〉，《國語》（臺北：臺灣中華書
局，1966年據《士禮居黃氏重雕本》校刊），卷第3，葉4。

〔註60〕 同註58，頁15。

〔註61〕 同上註。

筮例遺漏《左傳‧昭公七年》：「遇〈屯〉䷂」之筮。肖氏上述曾言：「《左傳》運用《周易》進行占筮者共有十四處，其中有十一處是通過『變卦』進行」，易言之，則有三處不通過「變卦」爲之，此三處即指「不變卦」而論，然所列《左傳》不變爻筮例僅祇「二處」，猶然前後矛盾，所疏漏者恐仍未知，抑說不定？

肖氏將「得〈泰〉䷊之八」依循〔東吳〕韋昭（204～273）之說，歸爲「不變爻」筮例，且於內、外《傳》卦例分析，未能詳細區分，仍遵「二十二則」論之，依然因襲高亨、劉大鈞之述，更於「論文」之中並無提及「貞」、「悔」、「之八」、「皆八」等字義討論，是以相關看法爲何，不得而知。

王永平先生於其論文中並無統計內、外《傳》筮例之數，惟陳有與占筮有關之筮例計十五則，〔註62〕其中明列〈召公七年〉：「遇〈屯〉䷂」筮例，〔註63〕倘加入「遇〈蠱〉䷑」、「遇〈復〉䷗」兩不變爻之例，其筮例數當爲十七則，惟其臚列用以敘論人事哲理之卦例獨缺〈昭公二十九年〉之事，〔註64〕故此加總仍爲「二十二則」之數。其論「貞」、「悔」之義，言之：

> 可見，先秦人有內卦爲貞，外卦爲悔的說法。但在先秦，貞、悔並不僅僅單指內卦、外卦。〔註65〕

王氏以爲先秦雖有「內卦爲貞」、「外卦爲悔」之說法，然「貞」、「悔」非僅單指「內」、「外」卦而已，尚有他意。且稱韋昭注「貞〈屯〉䷂悔〈豫〉䷏皆八」之說，乃「曲爲之解，不符原文」本意，其謂：

> 曲爲之解，並不符合原文的意思。這裡的貞《屯》䷂悔《豫》䷏與《左傳》中的『遇某卦之某卦』意思一樣，貞指本卦，悔指之卦。〔註66〕

王先生稱「得貞〈屯〉䷂悔〈豫〉䷏皆八」與《左傳》所述「遇某卦之某

---

〔註62〕王永平：《先秦的卜筮與《周易》研究》（長春：吉林大學古籍研究所博士論文，2007年），頁115～118。

〔註63〕同上註，頁116。

〔註64〕同上註，頁132～134。

〔註65〕同上註，頁94。

〔註66〕同上註，頁94。

卦」文意相垺，非如韋昭之注說一般。更稱：

> 朱熹在《易學啓蒙》中對貞悔的解釋是這樣的：當通過四營十八變得
> 出一卦後，「凡卦六爻皆不變，則占本卦象辭，而以內卦爲貞，外卦爲
> 悔。」「三爻變，則占本卦及之卦之象辭，而以本卦爲貞，之卦爲悔。」
> 朱說是對的。近現代學者大都認爲貞、悔既可指內卦和外卦，亦可指
> 本卦和之卦。而具體到《洪範》，則貞、悔所指並非內卦、外卦，而應
> 是本卦、之卦，「二衍忒」當指本卦和之卦之間的演變。〔註67〕

王氏之於朱熹《易學啓蒙》：「『無變爻』之『貞、悔』乃『內卦、外卦』；『有
爻變』之『貞、悔』爲『本卦、之卦』」，如此一式「貞、悔」兩套解說之論，
甚表贊同。並指近現代學者「大都」支持「貞、悔」既有「內」、「外」卦說
之意，亦含「本卦」、「之卦」之解，且稱〈洪範〉「貞、悔」之訓，具體而論，
非指「內卦」、「外卦」之說，應爲「本卦」、「之卦」之釋，更謂「二衍忒」
之意乃指「本卦」、「之卦」二者之演變。且言：

> 注家認爲貞即本卦，悔即之卦，是正確的。「得貞《屯》☳☵悔《豫》
> ☳☷」是「遇《屯》☳☵悔之《豫》☳☷」的另一種表達方式。〔註68〕

王氏又言注疏家所稱「貞即本卦、悔爲之卦」之說正當無誤。更指「得貞〈屯〉
☳☵悔〈豫〉☳☷」猶如「遇〈屯〉☳☵之〈豫〉☳☷」般，僅爲另一類之表達
方式爾。其解釋三「八」筮例「八」字之義時，斥之：

> 可見認爲《國語》、《左傳》曰「八」者皆用《連山》、《歸藏》爲占
> 的說法是不正確的。〔註69〕

王先生駁韋昭、〔西晉〕杜預（222～285）於《國語》、《左傳》三「八」筮例，
注稱「八者，皆用《連山》、《歸藏》爲占」之說有誤。且另云：

> 經過高亨所修訂的筮占之法確實能更好地解釋《左傳》、《國語》中
> 的筮例，但這種筮占之法于古无證，它是否符合春秋時《周易》的

〔註67〕王永平：《先秦的卜筮與《周易》研究》（長春：吉林大學古籍研究所博士論
　　　　文，2007年），頁94。
〔註68〕同上註，頁117。
〔註69〕同上註，頁118。

筮法不能確定。而且，這樣的筮占之法也不能解釋西周「筮數」中

變占的例子。〔註70〕

王氏以爲高亨先生修訂之「筮占之法」，確然更能有效以解《左傳》、《國語》
筮例，然猶自忖其法於古無證，可否契合春秋當時《周易》筮法尚且不定。
況該「筮占之法」亦無能以釋「數字卦」變占之例。是以又言：

但用這樣的變占法卻不能解釋西周數字卦中的卦變問題，因爲西周

數字卦的用數除了七、八、九、六，還有一和五，而且這些數字卦

中不但九、六可變，一、五、七、八也可變。〔註71〕

其稱高亨「變占法」亦不能解釋出土西周數字卦之「卦變問題」，因爲數字卦
之用數除「七、八、九、六」，尚有「一、五」，非但九、六可變，一、五；
七、八亦可變。且指凡稱「貞〈屯〉☷☳ 悔〈豫〉☳☷ 皆八爲『兩次筮占之論』」
者：「也屬臆測，于先秦文獻沒有顯證。」〔註72〕

　　王氏貞爲「本卦」、悔爲「之卦」且貞猶「內卦」、悔亦「外卦」，一式「貞、
悔」兩套說法，全然程迥、朱熹一脈之論，與當今眾方家之說幾爲相捋；且
視高亨「宜變爻」求解三「八」筮例爲更佳之法，然自忖該法於古無證且無
可解釋數字卦「九、六；一、五；七、八」互變之因，故而懷疑是否符合春
秋當時《周易》筮法；更以爲「得貞〈屯〉☷☳ 悔〈豫〉☳☷ 皆八，爲兩次筮
占」之說，純屬「臆測」之論。王氏之言，咸皆本文所須詳究之重點，其所
提及者將於之後第三章、四章、五章、六章、七章逐予辯駁詳論。

## 二、單篇論文

　　程石泉先生（1909～2005）曾發表〈周易成卦及春秋筮法〉〔註73〕一文，
內容全然依據高亨先生（1900～1986）自創之「宜變法」論述內、外《傳》

---

〔註70〕王永平：《先秦的卜筮與《周易》研究》（長春：吉林大學古籍研究所博士論
　　　　文，2007 年），頁 119。

〔註71〕同上註，頁 96。

〔註72〕同上註，頁 120。

〔註73〕程石泉：〈周易成卦及春秋筮法〉，見林尹等著：《易經論文集》（臺北：黎明
　　　　文化事業公司，1981 年），頁 179～204。

諸筮例，且以其法解釋三「八」筮例。更爲標榜高氏之法之信然，反誤釋朱熹「大衍之法」之解讀，然因程氏之宣揚，致使日後高氏「宜變之法」使學者往往信以爲眞，而常忽略其內在反背之矛盾。

陳貴麟先生即依程石泉之說，著有〈《左傳》「艮之八」與「艮之隨」的關係〉〔註74〕短文一篇，文中以高亨「宜變之法」解釋何以〈艮〉☶☶之八是謂〈艮〉☶☶之〈隨〉☱☳。計算過程咸皆「宜變爻」演算方式，所得結論爲：

> 經過正推逆求兩種檢驗的程序，我們可以肯定「艮之八」的本質意
> 義與「艮之隨」是完全契合的。「艮」是本卦，「隨」是之卦。「八」
> 是標記出關鍵的第二爻的營數，並非誤字。〔註75〕

「營數」一詞，即高亨「宜變之法」中常用之「術語」，由陳氏文中可窺高亨「宜變之法」被稱引以釋「之八」筮例，已於學界蔚爲另股風氣。

吳前衡先生（1945～2003）著〈春秋筮法〉〔註76〕一文。文中稱：「春秋筮法實際上是春秋的《周易》筮法」〔註77〕，更獨創「盲卦」一辭以解內、外《傳》三「八」筮例，且謂：

> 筮遇非一爻變卦，表示天命不應其所祈而藏密于多，占筮爲盲卦，
> 稱之以「八」並中止占筮，其占筮過程是不完整的。〔註78〕

吳氏稱「春秋筮法」即《周易》筮法，筮遇非一爻變者，是爲「盲卦」且稱之以「八」，占筮亦須中止，是以過程並不完整。其以「盲卦」一辭將三「八」筮例一次含蓋，理論頗似合理，然卻矛盾叢生。

既爲《周易》筮法，揲算起卦當由下起，遇「無爻變」者則須六爻全占方始了然，若此已然成卦，其又如何「中止筮占」？且遇「爻變」者，至第

---

〔註74〕陳貴麟先生：〈《左傳》「艮之八」與「艮之隨」的關係〉，《大陸雜誌》第 92
　　　　卷第 2 期（1996 年 2 月），頁 1。
〔註75〕同上註，頁 1。
〔註76〕吳前衡先生：〈春秋筮法〉，《中國文化月刊》第 200 期（1996 年 6 月），頁 32
　　　　～52。
〔註77〕同上註，頁 44。
〔註78〕同上註，頁 40。

二爻變即須停止，亦何以「得貞〈屯〉☷☳悔〈豫〉☳☷皆八」爲「三爻變卦」〔註79〕？更如何「遇〈艮〉☶之八」成「五爻變卦」〔註80〕？

吳氏猶遵韋昭之注「得〈泰〉☷☰之八」，亦循程迥之論「得貞〈屯〉☷☳悔〈豫〉☳☷皆八」、「遇〈艮〉☶之八」，然此三者無可共通，故以「盲卦」一辭含糊以釋，看似理直，實則無義，且於三「八」筮例之解亦無何助益。

韓慧英先生撰有〈《左傳》、《國語》筮數「八」之初探〉〔註81〕一文，專爲研究三「八」筮例之「八」字本義所作之論述。其言：

> 「皆八」之皆字，指的是在一卦的變化中，內外兩個經卦都有不變之爻（「八」者當爲陰爻），而「某之八」，則是指不變之爻只存在內外兩經卦之一〔註82〕

持論咸依〔南宋〕趙汝楳（？）、程迥、朱熹之說，猶視「貞〈屯〉☷☳悔〈豫〉☳☷」爲本卦變爲之卦之筮例；貞、悔仍持傳統「本卦」、「之卦」之論，且循程迥一脈言「〈泰〉☷☰之八」乃「〈泰〉☷☰之〈坤〉☷☷」，初、二、三爻變，四、五、上爻不變，是以謂之「〈泰〉☷☰之八」之觀點，雖稱「八」指陰爻之說無誤，然理論全然沿襲無能成立之舊說，是以研究成果視無任何突破。

俞志慧先生著〈《國語·晉語四》「貞屯悔豫皆八」爲宜變之爻與不變之爻皆半說〉〔註83〕一文，不采往昔說法，另依「文字訓詁」且搭配高亨「宜變之爻」方式，針對「皆八」筮例研究其「八」字本義。

其論猶視貞、悔爲本卦、之卦說，貞〈屯〉☷☳悔〈豫〉☳☷且乃本卦〈屯〉☷☳變爲之卦〈豫〉☳☷，此觀點猶承舊說無有變化，然卻言本卦〈屯〉☷☳其如高亨所稱之「宜變爻」、與「不變之爻」數咸皆爲三，各自「一半」，而指該「八」即如「古」來通假之「半」字，是以謂之貞〈屯〉☷☳悔〈豫〉☳☷皆「八」即皆「半」之意。更稱：

---

〔註79〕吳前衡先生：〈春秋筮法〉，《中國文化月刊》第200期（1996年6月），頁45。
〔註80〕同上註，頁46。
〔註81〕韓慧英：〈《左傳》、《國語》筮數「八」之初探〉，《周易研究》2002年第5期（總第55期），頁42～47。
〔註82〕同上註，頁47。
〔註83〕俞志慧先生：〈《國語·晉語四》「貞屯悔豫皆八」爲宜變之爻與不變之爻皆半說〉，《中國哲學史》2007年第4期，頁68～76。

　　至于與同期的「艮之八」、「泰之八」纏繞在一起討論，更是不僅不
利于理解「貞屯悔豫皆八」，甚至也妨礙對「艮之八」、「泰之八」的
理解，後二者之「八」前俱無「皆」字，仍不妨按照大衍之數減去
各爻營數之和的差去理解。〔註84〕

若然俞氏反構成此「八」非彼「八」，一「八」二或三解之勢，是以其論之根
基確然有誤，其說雖可稱之「創舉」，然對於三「八」筮例，「八」字眞義之
解，實無甚助益。

　　余培林先生著〈《左傳》、《國語》「之八」舊說質疑〉〔註85〕一文，專於
探求三「八」筮例之「八」字眞相。強調此「八」者，且表震卦☳之意，而
非杜預所稱「陰爻」之論，猶非韋昭「震卦☳暨其兩陰爻」之注；文中亦見
言及「貞〈屯〉䷂悔〈豫〉䷏皆八」非變卦之說，而爲兩筮之論者，且駁
斥程迥、朱熹、〔元〕黃澤（1260～1346）等稱該筮之貞爲「本卦」、悔爲「之
卦」之說爲非，於研究「貞」、「悔」之實義具啓迪之功，然其論「八」爲震
卦☳之說，終究證據稍嫌薄弱未能圓滿成立。

　　廖名春先生抑受俞志慧先生之啓發，猶采「文字訓詁」之方式，期以訓
釋三「八」筮例之「八」字解讀，亦著有〈《左傳》、《國語》易筮言「八」解〉
〔註86〕一文以述其論，可謂近來學界最新之研究論證。其稱：

　　《左傳・襄公九年》「遇《艮》之八」、《國語・晉語四》「得貞《屯》
　　悔《豫》，皆八也」及「得《泰》之八」中的「八」，都不是筮數。
　　它們或爲古「背」字，或爲古「別」字的形訛。〔註87〕

考據過程堪稱鞭辟入裏，用功極深，然猶犯一「八」數解之誤，且仍陷貞「本」、
悔「之」之臼窠，無能跳脫，雖比俞氏更顯深度同解三「八」之筮，惟於實

---

〔註84〕俞志慧先生：〈《國語・晉語四》「貞屯悔豫皆八」爲宜變之爻與不變之爻皆半
　　　　說〉，《中國哲學史》2007 年第 4 期，頁 76。
〔註85〕余培林：〈《左傳》、《國語》「之八」舊說質疑〉，《中國學術年刊》第 29 期（秋
　　　　季號）（2007 年 9 月），頁 1～11。
〔註86〕參閱廖名春先生著：〈《左傳》、《國語》易筮言「八」解〉，發表於「中山人文
　　　　思想暨第六屆海峽兩岸《周易》學術研討會」（臺北：國父紀念館，2009 年
　　　　11 月 28～29 日），頁 1～10。
〔註87〕同上註，頁 10。

際顯無有效之助，殊覺扤捥。

綜觀歷來學者之研究，幾受程迥、朱熹貞「本」、悔「之」侷限之迷惑，以致求解三「八」筮例，常常顯露顧此失彼，捉襟見肘，自陷泥淖，渾然未知之窘境，更且往往受制《周易》傳統思維之影響，而至形成一「八」數解，或各自解讀之矛盾，是以迄今猶然無能提出令人信服尚且統一之答案，有鑑於此，本文將重啓研究之門路，且採更為審慎之態度，冀望有所突破，期能獲至令人更為接納之解答。

# 第二章　內、外《傳》筮例概述

　　保存最完整且有詳細歷史背景記錄之占筮筮例，僅《左傳》、《國語》二書有之。舉凡研究古筮法者，莫不依爲的準，奉爲圭臬。兩書中與《周易》有關之卦例計二十三則，惟實際用以占筮之筮例僅一十七例；《左傳》十四例、《國語》三例，餘六例乃藉引《周易》以喻人情事物，不屬筮法之列。然《左傳》「〈艮〉☶之八」；《國語》「〈泰〉☷之八」、「貞〈屯〉☳悔〈豫〉☵皆八」三者，與另十四筮例明顯不同，洎古以降，諸家注解莫衷一是。本章就此，將《左傳》、《國語》二十三卦例一、一陳現，且就十七筮例逐一分析、比較，俾冀曉然三「八」筮例相異之處，期爲鋪陳探索「八」字眞義與其筮法眞諦之研究，有所助益。

## 第一節　《左傳》占筮卦例「無爻變」
### ——「僖公十五年、成公十六年、召公七年」

　　《左傳》中與《周易》有關之卦例，計有二十則，然屬實際占筮者十四例、無關筮法者六例。蓋由本節洎「無爻變」之筮例起，依年代遠近且據爻變數序之分節方式，逐一臚列概述。

### （一）《左傳・僖公十五年》（645B.C. 丙子）

　　秦饑，晉閉之糴，故秦伯伐晉。卜徒父筮之，吉。涉河，侯車敗。

詰之，對曰：「乃大吉也，三敗必獲晉君。其卦遇〈蠱〉☶☴曰：『千乘三去，三去之餘，獲其雄狐。』夫狐蠱，必其君也。〈蠱〉☶☴之貞，風也；其悔，山也。歲云秋矣，我落其實而取其材，所以克也。實落材亡，不敗何待？」三敗，及韓〔註1〕

此卦乃秦伯伐晉前筮得之卦。其卦遇〈蠱〉☶☴，無變爻。此卦占斷時不引《周易》〈蠱〉☴卦卦辭，而直以雜辭占之，由於史料欠缺，古之如杜預（222～285）者猶無從推斷，是以杜言：

> 於《周易》「利涉大川，往有事也。」亦秦勝晉之卦也。今此所言，蓋卜筮書雜辭，以狐蠱爲君。其義欲以喻晉惠公。其象未聞。〔註2〕

杜預稱此占辭乃卜筮書雜辭，以狐蠱比喻晉惠公，該卦象未曾聽聞。〔隋〕劉炫（546～613）爲此謂之：

> 十有五年《傳》卜徒父筮之，杜云卜人而用筮不能通三《易》之占，故據其所見雜占而言之。〔註3〕

劉炫言杜預之意指卜人因不通三《易》，其用筮猶據所見而雜占。孔穎達（574～648）亦補充曰：

> 筮者，若取《周易》，則其事可推。此不引《易》，意不可知。故杜舍此《傳》文，而以《周易》言之。〈蠱〉☶☴卦〈象〉云：「利涉大川，往有事也。」秦、晉隔河，往而有事，亦是秦勝晉之卦也。今此所言，不出於《易》，蓋卜筮之書，別有雜辭。此雜辭不出《周易》，無可據而推求，故云其象未聞。〔註4〕

惟此卦重點，在於「〈蠱〉☶☴之貞，風也；其悔，山也」此句。依《說卦》：「巽☴爲風；艮☶爲山」〔註5〕所言，明確指出，「貞，風也。」乃指〈蠱〉

---

〔註1〕 十三經注疏本《春秋左傳正義》（北京：北京大學出版社，2000 年），卷第 14，頁 429～430。

〔註2〕 同上註，頁 429。

〔註3〕 〔隋〕劉炫撰：《春秋規過》，收入〔清〕馬國翰輯：《玉函山房輯佚書》第 3 冊（臺北：文海出版社，1952 年），卷上，頁 1445。

〔註4〕 同註 1，頁 429。

〔註5〕 參閱〔魏〕王弼注，〔唐〕孔穎達疏：〈說卦〉，《周易正義》（北京：北京大學

䷑之下卦巽☴；「其悔，山也。」猶指〈蠱〉䷑之上卦艮☶。「貞」、「悔」二字，春秋時期即已昭然指出，其義屬內、外卦而言。是以杜預注曰：「內卦爲貞，外卦爲悔。巽☴爲風，秦象；艮☶爲山，晉象。」〔註6〕孔穎達更引〈洪範〉詳加明述：

> 筮之畫卦，從下而始，故以下爲內，上爲外。此言「貞」，風；「悔」，山。知內爲貞，外爲悔。〈洪範〉論筮云：「曰貞，曰悔。」是筮之二體，有貞、悔之名。貞，正也。筮者先爲下體而以上卦重之，是內爲正也。〈乾〉䷀之上九，稱「亢龍有悔」，從下而上，物極則悔，是外爲悔也。凡筮者，先爲其內，後爲其外，內卦爲己身，外卦爲他人，故巽☴爲秦象，艮☶爲晉象。〔註7〕

孔穎達於此除確然補充杜預所指「貞」、「悔」二字於占筮中之含義，更闡述占筮成卦之「內卦」表己身，「外卦」指他人之筮法運用。「貞」、「悔」二字於春秋筮法中，定義爲「內」、「外」卦義，於《國語》韋昭（204～273）注解亦持同然之論。〔註8〕

### （二）《左傳・成公十六年》（575B.C. 丙戌）

> 苗賁皇言於晉侯曰：「楚之良，在其中軍王族而已。請分良以擊其左右，而三軍萃於王，卒必大敗之。」公筮之，史曰：「吉。其卦遇〈復〉䷗曰：『南國蹙，射其元王，中厥目。』國蹙、王傷，不敗何待？」

〔註9〕

本卦筮得〈復〉䷗，無變爻。所以杜預注：「震☳下坤☷上，〈復〉䷗，

---

〔出版社，2000 年），卷第九，頁 390、392。（按：以下凡有資料引自本書，均簡稱爲十三經注疏本《周易正義》。）

〔註6〕 十三經注疏本《春秋左傳正義》（北京：北京大學出版社，2000 年），卷第14，頁 429～430。

〔註7〕 同上註，頁 430。

〔註8〕 《國語・晉語四》：公子親筮之，曰：「尚有晉國。得貞〈屯〉䷂悔〈豫〉䷏皆八也。」韋昭注：「內曰『貞』、外曰『悔』」此卦例於本節後續將有論述，此不贅言。（參閱〔周〕左丘明撰，〔吳〕韋昭注：〈晉語四〉，《國語》（臺北：臺灣中華書局，1966 年據《士禮居黃氏重雕本》校刊），卷第10，葉10。）

〔註9〕 同註6，卷第28，頁 895～896。

無變。」〔註10〕杜預以爲此筮乃以卜辭非筮辭論占，其曰：

> 此卜者辭也。〈復〉䷗陽長之卦。陽氣起子，南行推陰，故曰南國蹙
> 也。南國勢蹙，離☲受其咎。離☲爲諸侯，又爲目。陽氣激南，
> 飛矢之象。故曰：「射其元王，中厥目。」〔註11〕

劉炫且言：

> 案成十六年，筮卦遇〈復〉䷗云：「南國蹙，射其元王中厥目」亦
> 是雜占，則筮法亦用雜占，不必取《易》辭。〔註12〕

劉炫稱此筮猶如僖公十五年「其卦遇〈蠱〉䷑」般亦爲雜占，然孔穎達卻強
調此爲實筮，謂之：

> 此實筮也。而言卜者，卜筮通言耳。此既不用《周易》，而別爲之辭，
> 蓋卜筮之書，更有此類，筮者據而言耳。服虔以爲陽氣觸地射出，
> 爲射之象，杜以陽氣激南，爲飛矢之象，二者無所依憑，各以意説，
> 得失終於無驗，是非無以可明。〔註13〕

孔穎達以爲此占確爲實筮之例，雖其筮辭非引《周易》另依卜辭，然卜、筮
之言可以相通，筮者仍據其言而釋之。孔氏又謂：

> 云「涉河，侯車敗」，又云「千乘三去，獲其雄狐」，了无《周易》
> 片意。又云「卜徒父筮之」。是卜人掌筮，故杜云不能通三《易》。
> 而「成十六年」非卜人爲筮，且「南國蹙」，雖非是辭，還是《周易》
> 之象，不與此同。〔註14〕

孔氏謂此筮與僖公十五年「其卦遇〈蠱〉䷑」屬雜占之筮不同，雖言「南國蹙」

---

〔註10〕 十三經注疏本《春秋左傳正義》（北京：北京大學出版社，2000年），卷第14，頁895。

〔註11〕 同註7，卷第28，頁895。按：杜預此説，愚總以爲其若非智商超人，則必爲事後諸葛，採十二辟卦之義，對號入座、憑空相像。已知其爲卜辭，仍強以《周易》卦象論解，然如此類似「事後對照解卦之法」，《左傳》各筮卦例似多如此，惟與本文無關，暫且不贊。

〔註12〕 〔隋〕劉炫撰：《春秋規過》，收入〔清〕馬國翰輯：《玉函山房輯佚書》第3冊（臺北：文海出版社，1952年），卷上，頁1445。

〔註13〕 同註10，卷第28，頁895。

〔註14〕 同上註，卷第14，頁429。

非《周易》之辭，惟仍有《周易》之象。然此說，對照其稱東漢服虔（？）「射之象」與杜預「飛矢之象」，二者「無所依憑，各以意說，得失終於無驗，是非無以可明」云云，愚且迷惘，孔氏此言「《周易》之象」所指到底爲何？〔註15〕

### （三）《左傳・昭公七年》（535B.C. 丙寅）

> 婤姶始生子，名之曰：「元」。孟縶之足不良，能行。孔成子以《周易》
> 筮之曰：「元尚享衛國，主其社稷。」遇〈屯〉☷☵。〔註16〕

此筮例屬無變爻之例，與「遇〈屯〉☷☵之〈比〉☷☵」同然於《左傳・昭公七年》衛襄公立孟縶或孟元之事所作優劣比較之兩筮例中，常令人疏忽。

〔清〕李道平（1788～1844），於「昭公七年」筮例分析中，將其視爲「遇〈屯〉☷☵」與「遇〈屯〉☷☵之〈比〉☷☵」兩筮例。〔註17〕高亨（1900～986）於《周易雜論》中論及《左傳・昭公七年》筮例，僅提及「遇〈屯〉☷☵之〈比〉☷☵」，獨未列「遇〈屯〉☷☵」之例。〔註18〕由此可見，何以洎高亨以降，大陸眾家學者幾謂之「二十二筮例」，而不稱「二十三」例，咸乃因襲高亨之說而來，惟高亨之論尚且引自楊樹達（1885～1956）《周易古義》之說，然愚考之楊氏於本條例，仍列有二筮之占，〔註19〕抑語焉不詳或恐未特予說明故，是以高氏忽略未計。

---

〔註15〕按：依愚之見，服虔、杜預二者，或以十二辟卦觀念予以推測此占筮辭之義。〈復〉☷☳卦陽起於子，迄於〈乾〉☰時，已進巳爲南，則屬離☲卦，且依《說卦》離☲亦爲目，故又符合「中厥目」之意，然此咸屬臆測。縱觀〈復〉☷☳卦，上、下、互體之間不見離卦☲，倘非揣臆之言，何與離☲義相合？孔穎達抑已看出端倪，故云：「二者無所依憑，各以意說，得失終於無驗，是非無以可明。」愚觀其意，莫非言下《周易》之象乃「憑空想像」之「象」？故「終於無驗，無以可明」？

〔註16〕十三經注疏本《春秋左傳正義》（北京：北京大學出版社，2000年），卷第44，頁1445。

〔註17〕詳參〔清〕李道平著：〈左傳〉，《易筮遺占》，收入嚴靈峯編輯：《無求備齋易經集成》154冊（臺北：成文出版社，1976年，據清光緒十七年刊《湖北叢書》本影印），頁21

〔註18〕參閱高亨著：〈《左傳》《國語》的《周易》說通解〉，《周易雜論》（濟南：齊魯書社，1981年），頁78。

〔註19〕參閱楊樹達著：〈屯〉，《周易古義》，收入嚴靈峯編輯《無求備齋易經集成》第107冊（臺北：成文出版社，1976年），卷1，頁47。

〔清〕毛奇齡（1623～1716）於此之述甚明，其於「孔成子筮之曰：『元尚享衛國』」下注：「問詞」〔註20〕；於「又曰：『余尚立縶』」句下，又注：「亦問詞」〔註21〕，清楚區別遇〈屯〉䷂及遇〈屯〉䷂之〈比〉䷇，爲兩問事、兩筮例之占。

孔穎達《正義》曰：「所以上〈屯〉䷂無變者，皆遇少爻故也。」〔註22〕於《傳》文「二卦皆云」之句，杜預注：「謂再得〈屯〉䷂卦，皆有建侯之文。」〔註23〕孔穎達則疏曰：「謂前卜元之二卦，非謂後卜縶之卦也。」〔註24〕由此，亦曉然著白此處爲兩次占筮之例。若此，愚以爲，「二十二」條例與「二十三」條例之出入，當在昭公七年「遇〈屯〉䷂」筮例耳。

# 第二節　《左傳》占筮卦例「一爻變」
## ——「莊公二十二年、閔公元年、閔公二年、僖公十五年」

### （一）《左傳・莊公二十二年》（672B.C. 己酉）

周史有以《周易》見陳侯者，陳侯使筮之，遇〈觀〉䷓之〈否〉䷋。曰：「是謂『觀國之光，利用賓于王。』此其代陳有國乎？不在此，其在異國；非此其身，在其子孫。光遠而自他有耀者也。坤䷁，土也。巽䷸，風也。乾䷀，天也。風爲天於土上，山也。有山之材而照之以天光，於是乎居土上，故曰：『觀國之光，利用賓于王。』」

〔註25〕

---

〔註20〕 詳參〔清〕毛奇齡著：《春秋占筮書》（臺北：廣文書局，1974年），卷3，頁54。

〔註21〕 同上註。

〔註22〕 參閱參十三經注疏本《春秋左傳正義》（北京：北京大學出版社，2000年），卷第44，頁1445。

〔註23〕 同上註。

〔註24〕 同註22。按：此《傳》文所謂「二卦」之意，乃指卜元遇〈屯〉䷂及卜縶遇〈屯〉䷂之〈比〉䷇之本卦〈屯〉䷂二者，而非卜縶之本卦〈屯〉䷂及之卦〈比〉䷇二卦。

〔註25〕 同註22，卷第9，頁308～310。

此筮例杜預注：「坤☷下乾☰上，〈否〉䷋。〈觀〉䷓六四爻變而爲〈否〉
䷋。」〔註26〕本卦以〈觀〉卦䷓六四爻辭，配以否卦䷋二、三、四爻下互
艮☶山之義占之。且由杜預之注可見一般：

> 此《周易》觀卦䷓六四爻辭。《易》之爲書，六爻皆有變象，又有
> 互體，聖人隨其義而論之……巽☴變爲乾☰，故曰風☴爲天
> ☰。自二至四，有艮☶象，艮☶爲山。山則材之所生，上有乾☰、
> 下有坤☷，故言居土上，照之以天光。四爲諸侯，變而之乾☰，
> 有國朝王之象。〔註27〕

此筮例清楚明示，「卦變」、「互體」之說，於《左傳》本文，已有所見，早有
所本，茲可作爲筮法研究之參考。同時，由該筮例亦能否定，今日仍視《左
傳》「一爻變者，僅據本卦變爻爻辭爲占」之持論。〔註28〕當然此說者，早於
隋代劉炫之《規過》即已提出，其曰：

> 〈觀〉䷓之〈否〉䷋者，爲〈觀〉䷓卦之〈否〉䷋爻；〈屯〉䷂之
> 〈比〉䷇者，〈屯〉䷂卦之〈比〉䷇爻，皆不取後卦之義。〔註29〕

然孔穎達爲此曾做出具體有力之反駁：

> 今刪定以爲不然。何者？以閔元年，畢萬筮仕，遇〈屯〉䷂之〈比〉
> ䷇，云「〈屯〉䷂固〈比〉䷇入」。僖十五年，晉獻公筮嫁伯姬，
> 得〈歸妹〉䷵之〈睽〉䷥，云「士刲羊，亦無衁」，〈歸妹〉䷵上
> 六爻辭；又云「〈歸妹〉䷵、〈睽〉䷥孤，寇張之弧」，〈睽〉䷥之
> 上九爻辭；又云「〈歸妹〉䷵之〈睽〉䷥，猶無相也」。昭五年〈明
> 夷〉䷣之〈謙〉䷎，云「明夷于飛」，「垂其翼」，又云「謙不足，
> 飛不翔」。此之等類，皆取前後二卦以占吉凶，今人之筮，亦皆如此。

---

〔註26〕參閱參十三經注疏本《春秋左傳正義》（北京：北京大學出版社，2000年），
　　　　卷第9，頁308。
〔註27〕同上註，頁309～310。
〔註28〕黃開國先生謂：「從春秋時期有關變爻筮例的全部史料中，我們知道一爻變是
　　　　據本卦變爻爻辭爲說。」愚以爲執此說法者，似過於武斷。（參閱黃開國：〈春
　　　　秋時期的《易》筮〉，《玉溪師範學院學報》第20卷2004年第11期，頁27。）
〔註29〕同註26，頁308。

故賈、服及杜並皆同焉。劉炫苟異前儒，好爲別見，以規杜氏，非

也。〔註30〕

孔穎達以閔公元年、僖公十五年、昭公五年等猶如「遇〈觀〉䷓之〈否〉䷋」

般咸皆一爻變之筮爲例，予之推翻劉炫所言「僅以本卦變爻爻辭爲占」之說。

所舉各筮之變爻於後將作說明，此先不贅。然愚以爲《易》之言「變」，當以

「隨時」之義論之，倘與之限定，猶難免僵硬且失其剛、柔相合之理。是以

孔氏援引沈氏之云：「『遇』者，不期而會之名。筮者所得卦之吉凶，非有宿

契，逢遇而已，故謂之『遇』。」〔註31〕所闡述之道理可謂切中「《易》之爲

變」箇中契機。

### （二）《左傳・閔公元年》（661B.C. 庚申）

初，畢萬筮仕於晉，遇〈屯〉䷂之〈比〉䷇。辛廖占之，曰：「吉。

〈屯〉䷂固〈比〉䷇入，吉孰大焉？其必蕃昌。震䷲爲土，車

從馬，足居之，兄長之，母覆之，衆歸之，六體不易，合而能固，

安而能殺，公侯之卦也。公侯之子孫，必復其始。」〔註32〕

本筮例乃〈屯〉䷂之初九爻變而成之卦〈比〉䷇，〔東漢〕賈逵（30～101）

曰：「震䷲下坎䷜上，〈屯〉䷂；坤䷁下坎䷜上，〈比〉䷇，初九變之〈比〉

䷇。」〔註33〕杜預注：「〈屯〉䷂初九變而爲〈比〉䷇。」〔註34〕孔穎達曰：

震䷲下坎䷜上爲〈屯〉䷂。《說卦》云：「震䷲，動也。」坎䷜

《象》云：「坎，險也。」動而遇險，有〈屯〉䷂難之象。坤䷁下

坎䷜上爲〈比〉䷇。《說卦》：「坎䷜爲水，坤䷁爲地。」水潤下

而地受之，相親比之象也。〔註35〕

---

〔註30〕十三經注疏本《春秋左傳正義》（北京：北京大學出版社，2000年），卷第9，
頁308。

〔註31〕同上註。

〔註32〕同上註，卷第11，頁349～350。

〔註33〕參閱〔清〕李貽德撰：〈閔公〉，《春秋左氏傳賈服注輯述》，收入《續修四庫
全書・經部・春秋類》（上海：上海古籍出版社，1995年據浙江圖書館藏〔清〕
同治五年朱蘭刻本影印），第125冊，卷5，頁439。

〔註34〕同註30，卷第11，頁349。

〔註35〕同上註。

杜預亦言：

> 〈屯〉☷☳ 險難，所以爲堅固。〈比〉☵☷ 親密，所以得入。震☳變
> 爲坤☷，震☳爲車，坤☷爲馬。初一爻變，有此六義（按：車、
> 足、兄、馬、母、眾），不可易也。〈比〉☵☷ 合、〈屯〉☵☳ 固，坤☷
> 安，震☳殺，故曰公侯之卦。〔註36〕

孔穎達且謂：

> 震☳之爲殺，《傳》無明文。〈晉語〉云：「震☳，車也。」車有
> 威武。昭二十五年《傳》云：「爲刑罰威獄，以類其震曜殺戮。」是
> 震☳爲威武殺戮之意，故震☳爲殺也。〔註37〕

綜觀杜注、孔疏可知此筮例之占，乃以本卦、之卦二卦卦義，配以本卦動爻
所處之小成震卦☳及爻變後之小成坤卦☷，二者卦義互爲比較，以作判斷。
是以，其筮占不以〈屯〉☵☳之初九爻辭爲占，乃反以「本」、「之」二卦配其
二卦下體小成之義，相爲參照以論。

## （三）《左傳・閔公二年》（660B.C. 辛酉）

> 成季之將生也，桓公使卜楚丘之父〔註38〕卜之。曰：「男也。其名曰
> 友，在公之右；間于兩社，爲公室輔。季氏亡，則魯不昌。又筮之，
> 遇〈大有〉☲☰之〈乾〉☰，曰：「同復於父，敬如君所。」及生，
> 有文在其手曰「友」，遂以命之。〔註39〕

成季友將生之時，其父魯桓公請卜楚丘之父，卜筮其妻所懷爲男爲女，並詢
其未來之運勢、功業。此事於《左傳・昭公三十二年》亦有記載：

> 昔成季友，桓之季也，文姜之愛子也。始震而卜，卜人謁之，曰：「生
> 有嘉聞，其右曰友，爲公爲室。」及生，如卜人之言，有文在其手

---

〔註36〕十三經注疏本《春秋左傳正義》（北京：北京大學出版社，2000年），卷第11，
頁349。

〔註37〕同上註，頁349～350。

〔註38〕按：卜楚丘之父不知其名，故舉其子以稱之。卜楚丘見於文公十八年及昭公
五年。（援引楊伯峻：《春秋左傳注》（高雄：高雄復文書局，1991年），上冊，
頁263。）

〔註39〕同註36，頁354。

曰「友」，遂以名之。既而有大功於魯，受費以爲上卿。〔註40〕

後筮得本卦〈大有〉☲☰、之卦爲乾☰☰，六五爻變。孔穎達謂之：

> 此雖六五爻變，不取《周易》之文，筮者推演卦意，自爲其辭也。
> 離☲是乾☰子，遷變爲乾☰，故云「同復于父」，言其尊與父同
> 也。國人敬之，其敬如君之處所，言其貴與君同也。《說卦》：「乾爲
> 君父。」言其身之尊，則云「同復于父」；言其爲人所敬，則云「敬
> 如君所」。屬意異，故分爲二也。〔註41〕

觀孔氏之疏，即知此筮之占不以〈大有〉☰六五爻辭爲論，反以卦意推演筮
辭，其法亦不同於各一爻變筮例。然愚觀〈大有〉☰六五：「厥孚交如，威
如，吉」〔註42〕之義，審省〔北宋〕程頤（1033～1107）之言：

> 六五當〈大有〉☰之時居君位，虛中爲孚信之象，人君執柔守中，
> 而以孚信接於下，則下亦盡其信誠以事於上，上下孚信相交也。以
> 柔居尊位，當〈大有〉☰之時，人心安易，若專尚柔順，則陵慢生
> 矣，故必威如則吉。威如，有威嚴之謂也。既以柔和孚信接於下，
> 眾志說從，又有威嚴使之有畏，善處有者也，吉可知矣。〔註43〕

思之〈大有〉☰六五陰爻居尊之位，對應成季友爲魯桓公季子，非承位元子，
故不以人君而論，是以卜楚丘之父，則稱之：「同復於父，敬如君所」以相比
喻，其義猶如孔穎達之疏解一般。雖未逕取爻辭而論，然亦以其隱含精義以
述，此與直取猶相仿若矣。

### （四）《左傳・僖公十五年》（645B.C. 丙子）

> 初，晉獻公筮嫁伯姬於秦，遇〈歸妹〉☳☱之〈睽〉☲☱。史蘇占之曰：
> 「不吉。其繇曰：『士刲羊，亦無衁也。女承筐，亦無貺也。西鄰責

---

〔註40〕 參閱十三經注疏本《春秋左傳正義》（北京：北京大學出版社，2000 年），卷
第 53，頁 1760。

〔註41〕 同上註，卷第 11，頁 354。

〔註42〕 參閱十三經注疏本《周易正義》（北京：北京大學出版社，2000 年），卷第 2，
頁 93。

〔註43〕 參閱〔北宋〕程頤撰：《伊川易傳》，收入景印《文淵閣四庫全書・經部 3・易
類》（臺北：臺灣商務印書館，1983 年），第 9 冊，卷 1，頁 211。

言，不可償也。〈歸妹〉䷵之〈睽〉䷥，猶無相也。』震☳之離☲，亦離☲之震☳，爲雷爲火，爲嬴敗姬，車說其輹，火焚其旗，不利行師，敗于宗丘。〈歸妹〉䷵、〈睽〉䷥孤，寇張之弧，姪其從姑，六年其逋，逃歸其國，而弃其家，明年其死於高梁之虛。」〔註44〕

此筮例乃晉獻公嫁女伯姬與秦穆公所筮之卦，本卦爲〈歸妹〉卦䷵，上六爻變成之卦〈睽〉卦䷥，屬一爻變筮例。孔穎達謂：

> 《易》〈歸妹〉䷵上六爻辭：「女承筐無實，士刲羊無血，無攸利。」此引彼文，而以「血」爲「盂」、「實」爲「貺」，唯倒其句，改兩字而加二「亦」耳。其意亦不異也。二句以外，皆史蘇自衍卦意而爲之辭，非《易》文也。〔註45〕

此筮占繇辭：「士刲羊，亦無盂也。女承筐，亦無貺也。」孔氏稱爲〈歸妹〉卦䷵上六爻辭「血」改「盂」、「實」改「貺」，且加二「亦」字予以倒裝之辭，接下之句皆史蘇衍生卦意之辭，並非《周易》本文。「西鄰責言，不可償也」之句，杜預注之：「將嫁女於西，而遇不吉之卦，故知有責讓之言，不可報償。」〔註46〕愚實不知，杜氏所見，自何而來？豈亦如成公十六年，其卦遇〈復〉䷖般之「憑空想像」？〔註47〕孔穎達於此，則頗有意見，另舉服虔（？）之說與其對照且同加批駁，孔氏謂：

> 如杜此言，直以遇卦不吉，則知言不可償。不知其象何所出也。服虔以爲三至五爲坎☵，坎☵爲月，月生西方，故爲西鄰。坎☵爲水，兌☱爲澤，澤聚水，故坎☵責之澤，澤償水則竭，故責言不可償。此取象甚迂，杜言虛而不經，謂此類也。〔註48〕

孔氏斥服虔之注「取象甚迂」，愚極同感。服氏取〈歸妹〉䷵、〈睽〉卦䷥二者之上互坎☵及下卦兌☱而論，稱之：「坎☵爲水、兌☱爲澤，澤聚水」，

---

〔註44〕十三經注疏本《春秋左傳正義》（北京：北京大學出版社，2000年），卷第14，頁435～438。
〔註45〕同上註，頁435。
〔註46〕同上註，頁436。
〔註47〕請參閱本章註15之文。
〔註48〕同註44，頁437。

然澤聚水有相融相合之象，何有「坎☵責之澤，澤償水則竭」之說？且坎☵為月，月生西方，依《說卦》：兌☱，正秋也，乃西方之卦〔註 49〕，其五行亦屬金〔註 50〕，二者咸位西方，脈絡同源，金水相生，母旺子相，更顯和樂，何來「責讓」、「無償」之言？若此，愚以為服虔偕杜預此注，全然齊犯孔氏所言「虛而不經」之病。

史蘇之言：「震☳之離☲，亦離☲之震☳」，杜預注曰：「二卦變而氣相通。」〔註 51〕孔穎達疏云：

> 為震☳與離☲通也。震☳既與離☲通，則離☲亦與震☳通，言此二卦相通者，與下張本。震☳為雷，雷是動。離☲為火。震☳之離☲是動來適火，離☲之震☳，是火往適動，欲明火之動熾之意。〔註 52〕

杜、孔二氏之說，雖言中肯，惟總覺欠缺適切。愚以為倘從另一角度思考，或能更顯其要旨，抑說不定。此二句之義，愚試解為「震卦☳後天之位於離☲；離卦☲先天之位於震☳，二者互有因果遞嬗」之義。朱熹曾云：

> 《說卦傳》曰：「天地定位，山澤通氣，雷風相薄，水火不相射，八卦相錯，數往者順，知來者逆。」邵子曰：「乾☰南、坤☷北、離☲東、坎☵西、震☳東北、兌☱東南、巽☴西南、艮☶西北，自震☳至乾☰為順，自巽☴至坤☷為逆。」〔註 53〕

---

〔註 49〕 《說卦》曰：「兌，正秋也，萬物之所以說也，故曰說言乎兌。」《正義》曰：「以兌☱是象澤之卦，說萬物者，莫說乎澤，又位是西方之卦，斗柄指西，是正秋八月也。（詳參十三經注疏本〈說卦〉，《周易正義》（北京：北京大學出版社，2000 年），卷第 9，頁 386。）

〔註 50〕 《呂氏春秋》曰：「仲秋之月，日在角，昏牽牛中旦觜巂中，其日庚辛……」高誘（？）注：庚辛，金日也。（參閱〔秦〕呂不韋撰，〔東漢〕高誘注〈孟秋紀第七·七月紀〉、〈孟秋紀第八·八月紀〉，《呂氏春秋》，收入王雲五主編：《四庫叢刊初編子部》（臺北：臺灣商務印書館，1967 年據上海商務印書館縮印明刊本影印），第 24 冊，卷第七、第八，頁 39，45。）

〔註 51〕 十三經注疏本《春秋左傳正義》（北京：北京大學出版社，2000 年），卷第 14，頁 437。

〔註 52〕 同上註，頁 437。

〔註 53〕 詳參〔南宋〕朱熹撰：《周易本義》，見趙蘊如編次：《大易類聚初集》（臺北：新文豐出版社，1983 年影印宋咸淳本），頁 823。

此述且稱「伏羲八卦方位圖」亦謂「先天八卦圖」（簡稱先天圖），其圖如下：

## 伏羲八卦方位

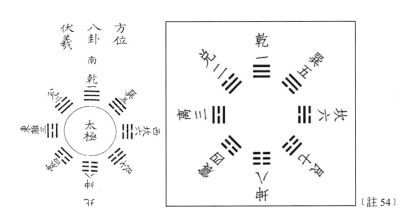

〔註54〕

朱子另釋後天八卦圖言之：「此文王八卦，乃入用之位，後天之學也。」
〔註55〕即指「文王八卦方位」，亦稱「後天八卦圖」（簡稱後天圖），其圖如下：

## 文王八卦方位圖

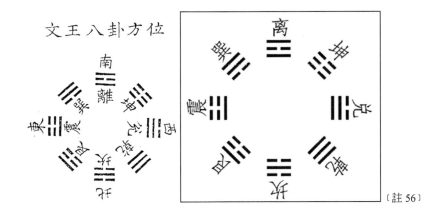

〔註56〕

上、下兩圖相互對照即能通曉。觀之先天圖離卦 ☲ 之位，即為後天圖震卦 ☳
之位，是以後天圖離卦 ☲，其先天之位，即為後天圖震卦 ☳ 之位，而謂之

---

〔註54〕詳參〔南宋〕朱熹撰：《周易本義》，見趙蘊如編次：《大易類聚初集》（臺北：
　　　　新文豐出版社，1983年影印宋咸淳本），頁823。
〔註55〕同上註，頁827。
〔註56〕同上註。

「離卦☲之先天即為震卦☳」；後天圖震卦☳之位即為先天圖離卦☲之位，此即稱之震卦☳所處後天之位，即為先天之離卦☲之位，是以謂之「震卦☳後天之位為離☲」。因而二者有秤不離錘，錘不離秤之意，含有先、後天因果承襲之關係，震☳為木、離☲為火，木火相生，得豐火通明、陰陽相生、夫婦相合之義象。由於《正義》曾云：「《春秋》筮事既多，此占最少其象」〔註57〕，是以聊備此說，以略補其不足耳。

## 第三節　《左傳》占筮卦例「一爻變」
### ——「僖公二十五年、襄公二十五年、召公五年」

（一）《左傳·僖公二十五年》（635B.C. 丙戌）

> 秦伯師于河上，將納王。狐偃言於晉侯曰：「求諸侯，莫如勤王。諸侯信之，且大義也。繼文之業而信宣於諸侯，今為可矣。」使卜偃卜之，曰：「吉！遇黃帝戰于阪泉之兆。」公曰：「吾不堪也。」對曰：「周禮未改，今之王，古之帝也。」公曰：「筮之。」筮之，遇大有䷍之睽䷥，曰：「吉，遇『公用享于天子』之卦也。戰克而王饗，吉孰大焉？且是卦也，天為澤以當日，天子降心以逆公，不亦可乎？〈大有〉䷍去〈睽〉䷥而復，亦其所也。」〔註58〕

此筮例，乃魯僖公二十四年秋（周襄王十七年（636B.C.）），周臣頹叔及桃子擁戴襄王之弟王子帶，引狄兵伐周，大敗周師，襄王逃往鄭國，居處氾地。晉臣狐偃勸晉文公出兵護送襄王回周王朝乙事。〔註59〕是以晉文公命卜偃為此事，占得本卦大有䷍、之卦〈睽〉䷥，九三爻變，屬一爻變筮例。杜預注曰：「兌下離☲上，〈睽〉䷥。〈大有〉䷍九三變而為〈睽〉。」〔註60〕此筮例不

---

〔註57〕十三經注疏本《春秋左傳正義》（北京：北京大學出版社，2000年），卷第14，頁439。按：此例「震☳之離☲，亦離☲之震☳」，抑可稱堪輿學裏所謂「先、後天位」觀念之說，最早提出者。

〔註58〕同上註，卷第16，頁489～490。

〔註59〕參引高亨著：《〈左傳〉〈國語〉的《周易》說通解》，《周易雜論》（濟南：齊魯書社，1981年），頁87。

〔註60〕同註58，頁490。

單以九三爻變之辭：「公用亨於天子」〔註61〕占之，更以本卦、之卦二卦卦義同論，此由杜預注言可見，其謂：

> 〈大有〉☲☰九三爻辭也。三爲三公而得位，變而爲兌☱，兌☱爲說，得位而說，故能爲王所宴饗。方更捴言二卦之義，不繫於一爻。言去〈睽〉卦☲☱還論〈大有〉☲☰，亦有天子降心之象。乾☰尊離☲卑，降尊下卑，亦其義也。〔註62〕

杜預稱「公用亨於天子」乃〈大有〉☲☰九三爻辭。九三位居三公之位，陽爻居於陽位，是以適得其所，且〈大有〉☲☰內卦爲乾☰，變〈睽〉卦☲☱下卦爲兌☱，兌☱爲喜悅之意，乃因居得其位，故而歡欣喜悅，若此必能如願受其君王饗宴。杜預更言此筮例總論二卦之義，不僅繫於九三一爻之占且論及〈睽〉卦☲☱亦兼言〈大有〉☲☰尚有天子平抑心氣之象。云〈大有〉☲☰下卦乾☰卦居尊，然確居下於離☲，即乃降尊紆貴之義也。

### （二）《左傳・襄公二十五年》（548B.C. 癸丑）

> 齊棠公之妻，東郭偃之姊也。東郭偃臣崔武子。棠公死，偃御武子以弔焉。見棠姜而美之，使偃取之。偃曰：「男女辨姓，今君出自丁，臣出自桓，不可。」武子筮之，遇〈困〉☱☵之〈大過〉☱☴，史皆曰：「吉！」示陳文子，文子曰：「夫從風，風隕，妻不可娶也。且其繇曰：『困于石，據于蒺梨，入于其宮，不見其妻，凶。』『困于石』往不濟也。『據于蒺梨』所恃傷也。『入于其宮，不見其妻，凶』，無所歸也。」崔子曰：「嫠也何害？先夫當之矣。」〔註63〕

崔杼欲娶東郭偃之姊棠姜，東郭偃以男女雙方皆同姓「姜」，作爲反對之理由。是以崔杼以占筮求解，得本卦〈困〉☱☵，變卦〈大過〉☱☴，六三爻變。所得之卦，眾史皆稱「吉」，惟陳文子以卦象及〈困〉☱☵六三爻辭謂其「不吉」。

---

〔註61〕〈大有〉☲☰九三爻辭：「公用亨于天子，小人弗克。」（參閱十三經注疏本《周易正義》（北京：北京大學出版社，2000 年），卷2，頁92。）
〔註62〕十三經注疏本《春秋左傳正義》（北京：北京大學出版社，2000 年），卷第 16，頁 490。
〔註63〕同上註，卷第 36，頁 1161～1163。

其占之卦象，杜預注曰：

> 坎☵為中男，故曰「夫」。變而為巽☴，故曰「從風」。風能隕落
> 物者，變而隕落，故曰「妻不可娶」。〔註64〕

杜預更引孔子之言〔註65〕，以證〈困〉卦☱六三爻辭不吉之義，其曰：

> 《易》曰：「非所困而困，名必辱。非所據而據，身必危。既辱且危，
> 死期將至，妻其可得見邪？」今卜昏而遇此卦，六三失位無應。則
> 喪其妻，失其所歸也。〔註66〕

杜預稱此卦為卜筮婚姻之占，且遇六三爻變，六三之爻陰居陽位，是以失位，復與上六同類無應，乃非吉之筮，終將失其妻而無所依歸。由於崔杼不采〔春秋‧吳〕孫武高祖陳文子〔註67〕之諫，於娶棠姜不久，棠姜即與齊莊公私通，是以崔杼於其家中計弒齊莊公及其護衛〔註68〕，故而導致陳文子捨棄家產，帶領家人逃離家園〔註69〕；亦因此引發崔氏滅門之禍。

---

〔註64〕 十三經注疏本《春秋左傳正義》（北京：北京大學出版社，2000年），卷第36，頁1162。

〔註65〕 《易》曰：「困于石，據于蒺藜，入于其宮，不見其妻，凶。」子曰：「非所困而困焉，名必辱。非所據而據焉，身必危。既辱且危，死期將至，妻其可得見耶？」（參閱：十三經注疏本〈周易繫辭下〉《周易正義》（北京：北京大學出版社，2000年），卷第8，頁360。）按：杜預所引字句，即出自《繫辭下傳》孔子所言。

〔註66〕 同註64，頁1163。

〔註67〕 按：考《竹北東海穎川堂陳旺公族譜》記載——孫氏：陳桓子無宇，其子名曰子占，伐莒有功，齊景公賜姓孫，食采於樂安。子孫因亂奔吳，孫武吳將是其後裔，系稱樂安孫氏。又列其族譜：
第五十七代　第五十八代　第五十九代　第六十代　第六十一代
文子須無 — 桓子無宇——┬— 無子開 —— 僖子乞 —— 田成子
　　　　　　　　　　　　└— 孫書，姓孫，第一二七代為國父孫中山。
兩相對照字面來看，陳文子傳陳桓子，且桓子之子子占之嗣因亂奔吳，孫武為其後裔，則孫武應為子占孫子輩，是以陳文子至少屬孫武高祖輩無誤。（詳參「中華姓氏源流通譜」http://blog.nownews.com/s1681688/textview.php?file=63885）

〔註68〕 轉述自吳名崗著：〈孫子對《周易》軍事思想之吸納〉，《濱州學院學報》24卷第1期（2008年2月），第6頁。

〔註69〕 《論語‧公冶長》：「崔子弒齊君，陳文子有馬十乘，棄而違之，至於他邦……」（詳參〔清〕劉寶楠著：〈公冶長第五〉，《論語正義》，收入王雲五主編：《萬有文庫薈要》（臺北：臺灣商務印書館，1965年），卷6，頁132。）

## （三）《左傳・昭公五年》（537B.C. 甲子）

初，穆子之生也，莊叔以《周易》筮之，遇〈明夷〉䷣之〈謙〉䷎，以示卜楚丘。曰：「是將行，而歸爲子祀。以讒人入，其名曰牛，卒以餒死。〈明夷〉䷣，日也。日之數十，故有十時，亦當十位。自王巳下，其二爲公，其三爲卿。日上其中，食日爲二，旦日爲三。〈明夷〉䷣之〈謙〉䷎，明而未融，其當旦乎？故曰爲子祀。日之〈謙〉䷎當鳥，故曰『明夷于飛』。明之未融，故曰『垂其翼』。象日之動，故曰『君子于行』。當三在旦，故曰『三日不食』。離☲，火也。艮☶，山也。離☲爲火，火焚山，山敗。於人爲言，敗言爲讒，故曰『有攸往，主人有言』。言必讒也。純離☲爲牛。世亂讒勝，勝將適離☲，故曰其名曰牛。謙不足，飛不翔，垂不峻，翼不廣，故曰其爲子後乎！吾子亞卿也，抑少不終。」〔註70〕

此筮例記載於昭公五年，然占筮敘事之時間，卻遠於宣公五年（604B.C.）莊叔得臣逝世之前、其子穆子（叔孫豹）初生之時。〔註71〕此筮例敘述，莊叔得臣生下叔孫豹後，爲祈問該子未來吉凶，而以《周易》占筮之。所得內容，昉自如何出奔離家〔註72〕、季孫氏召其回國繼承叔孫氏，迄受其子豎牛餓殺〔註73〕

---

〔註70〕 十三經注疏本《春秋左傳正義》（北京：北京大學出版社，2000 年），卷第 43，頁 1396〜1399。

〔註71〕 楊伯峻先生注曰：「閔二年（660B.C.）《傳》載卜楚丘之父，占季友於文姜胎內，得臣死于宣公五年（604B.C.），楚丘之卜當在前。」（詳參楊伯峻先生著：《春秋左傳注》（高雄：復文圖書出版社，1991 年），下冊，頁 1263。）

〔註72〕 《左傳・昭公四年》記載：「初，穆子去叔孫氏，及庚宗」杜預注：「成十六年，辟僑如之難奔齊。庚宗，魯地。」（參閱十三經注疏本《春秋左傳正義》，卷第 42，頁 1387。）按：穆子即本筮例主角——叔孫豹。其兄宣伯僑如與魯成公之母穆姜私通，又密謀剷滅季孫、叔孫兩氏家族，致使叔孫豹處境甚覺艱難。爲能避禍保命，是以離開魯國，至齊定居。（援引自李炳海先生：〈《左傳》夢象與恐懼心理〉，《社會科學戰線》2007 年第 5 期，頁 96〜97。）

〔註73〕 《正義》曰：「叔孫餓死，而帶言『葬鮮』，知不得以壽終者，名之爲『鮮』，言年命鮮少也。叔仲帶得以此言告季孫，則季孫知豎牛餓殺叔孫矣。」又曰：「昭子若知豎牛餓殺其父，則當顯加誅戮，不應宜以殺適立庶爲大罪也。」（參閱十三經注疏本《春秋左傳正義》（北京：北京大學出版社，2000 年），卷第 43，頁 1394、1395。）

至死之經過，〔註 74〕幾以說明殆盡。〔註 75〕本筮例占得本卦爲〈明夷〉䷣、初九爻變成之卦〈謙〉䷎，以〈明夷〉䷣初九爻辭并兩卦卦象及小成內卦離☲、艮☶之義論占，屬一爻變筮例。

本筮《傳》文：「日之數十，故有十時，亦當十位」，其「日之數十」一語，杜預注稱：「甲至癸」〔註 76〕亦乃十天干之意。然〔東晉〕郭璞（276～324）所言卻非如此，其於注解〈海外東經〉時稱：

> 莊周云：昔者十日並出，草木焦枯；《淮南子》亦云：堯乃令羿射十日，中其九日，日中烏盡死；〈離騷〉所謂「羿焉畢日？烏焉落羽？」者也；《歸藏・鄭母經》云：昔者，羿善射，畢十日，果畢之；《汲郡竹書》曰：胤甲即位，居西河，有妖孽，十日並出。明此自然之異，有自來矣。《傳》曰：天有十日，日之數十。〔註 77〕

其中所引「〈離騷〉所謂」一語，恐傳抄抑或手民之誤？今考該述實乃出於《楚辭・天問》而非〈離騷〉，原文：「羿焉彈日？烏焉解羽？」〔註 78〕所引《汲

---

〔註 74〕按：事件始末之大概，亦可參閱余世存著：〈叔孫豹造化弄人〉，《英才商業雜誌》第 12 期（2008 年 12 月），頁 132。

〔註 75〕按：由此筮例，引愚些許感想。紀錄史事者，以事件之敘述，張本其數十、百年前之筮例占斷，以應證其事件之發生，尚不論該筮例於當時有無其事，此方法之目的似不外，爲加深「普羅大眾」對於占筮未卜先知之神秘與準確，於當時奴隸封建時代，天子須以神道設教，統御百姓，此舉似司空見慣，亦習以爲常，然放諸今日，愚對其如此之神準，有如填充對號之正確，除了尊崇又多了一分懷疑。豈書簡重繁佚失抑先賢明師不肯留傳？此眞可謂世界之奇蹟、中國人之驕傲爾！總覺事後諸葛，莫此爲甚！愚之學如滄海一粟，此見當比以蠡測海、以管窺豹，惟不揣淺陋提此論述，僅表個人意見，尚不值方家一哂，然毛奇齡曾謂：「解《春秋》者，但據《經》，勿據《傳》，《傳》苟可疑，即闕之可也。況說《傳》者邪？」其說似恰可與眾方家參酌體會。（參閱〔清〕毛奇齡撰：《春秋毛氏傳》，收入景印《文淵閣四庫全書・經部 170・春秋類》（臺北：臺灣商務印書館，1983 年），第 176 冊，卷 29，頁 328。）

〔註 76〕十三經注疏本《春秋左傳正義》（北京：北京大學出版社，2000 年），卷第 43，頁 1396。

〔註 77〕詳參〔東晉〕郭璞注：〈海外東經〉，《山海經》，收入王雲五主編：《四部叢刊初編子部》（臺北：臺灣商務印書館，1967 年據上海商務印書館縮印江安傅氏雙鑑樓藏明成化刊本影印），第 27 冊，卷 9，頁 54。

〔註 78〕詳參〔楚〕屈原著：〈天問〉，見〔明〕汪瑗撰：《楚辭集解》，收入《續修四庫全書・集部・楚辭類》（上海：上海古籍出版社，1995 年），第 1301 冊，頁 106。

郡竹書》之述，於今本《竹書紀年》亦有記載：「帝廑，一名胤甲。元年己未，帝即位西河……八年天有祅孽，十日竝出，其年陟。」〔註79〕郭璞以爲「十日並出」乃自然界異象，其來有自，且以昭公五年本筮《傳》文——「日之數十」，做爲上古確有十日之證說。

然楊伯峻先生對此，提出反駁意見，其說愚頗同感，特稱引之。楊氏曰：

> 古代傳說，謂堯時十日並出，然《論衡・說日篇》謂儒者以日爲一，則「日有十」之說非《左氏》義。杜注：「甲至癸」，是以十干解「日之數十」。古人誤以日繞地，故以太陽之日與地球自轉一周之日混爲一。〔註80〕

楊伯峻以王充（27～97）之論：「儒者說日及工伎之家皆以日爲一……故知十日非眞日也。」〔註81〕駁斥古人因將十天干之數與太陽稱「日」之數相混爲一，致有「十日」之傳，實非眞有十日，是以《左傳》所稱「日之數十」，猶如杜預之注般，實爲天干「甲至癸，計十數」之意耳。

「亦當十位」此「十位」之稱，《左傳・昭公七年》有言：

> 天有十日，人有十等，下所以事上，上所以共神也。故王臣公，公臣大夫，大夫臣士，士臣皂，皂臣輿，輿臣隸，隸臣僚，僚臣僕，僕臣臺。馬有圉，牛有牧，以待百事。〔註82〕

其已將人之十等敘述分明，由上至下爲：王、三公、大夫、士、皂、輿、隸、僚、僕、臺。杜預於本筮注云：「平旦爲卿」〔註83〕，此卿即指大夫。

惟「十時」之解，愚以爲迄今猶然未有定論，雖有學者曾予解釋，且杜

〔註79〕參閱〔梁〕沈約附註，〔明〕范欽訂：《竹書紀年》，收入王雲五主編：《四部叢刊初編史部》（臺北：臺灣商務印書館，1967年據上海商務印書館縮印天一閣刊本影印），第6冊，頁9。

〔註80〕參閱：楊伯峻著：《春秋左傳注》（高雄：復文圖書出版社，1991年），下冊，頁1264。

〔註81〕詳參〔東漢〕王充撰，〔清〕惠棟批校：〈說日篇〉，《論衡》，見《中國子學名著集成》（088）珍本初編雜家子部（臺北：中國子學名著集成編印基金會，1978年據〔明〕萬曆間新安程榮刊漢魏叢書本影印），卷11，頁505～509。

〔註82〕參閱十三經注疏本《春秋左傳正義》（北京：北京大學出版社，2000年），卷第44，頁1425。

〔註83〕同上註，卷43，頁1396。

預更以人之十等對應十二時辰之方式爲之注解,其稱:

> 日中當王,食時當公,平旦爲卿,雞鳴爲士,夜半爲皁,人定爲輿,
> 黃昏爲隸,日入爲僚,晡時爲僕,日昳爲臺,隅中日出,闕不在第。
> 尊王公,曠其位。〔註84〕

杜預以人之十等與之對應,亦僅能對應十個時辰,尚有「隅中」、「日出」無以對照,故而謂之「尊王公,曠其位」。愚且不知此「王、公」與日中當「王」、食時當「公」之「王、公」相埒否?抑另有王、公?是以杜氏此說,依然未能盡解其意,更且衍生諸般問題,故此特略於下予以討論,以冀求方家教正。

〔清〕顧炎武(1613~1682)曾謂:「古無以一日分爲十二時之說。」〔註85〕且言:

> 《南齊書·天文志》始有子時、丑時、亥時;《北齊書·南陽王綽傳》
> 有景時、午時。景時者,丙時也。〔註86〕

顧氏又云:

> 《淮南子》日出於暘谷,浴于咸池,拂于扶桑,是謂晨明……淪於
> 蒙谷,是謂定昏。按此自晨明至定昏,爲十五時。〔註87〕

其後趙翼(1727~1814)亦稱:

> 古時本無一日十二時之分,《左傳》卜楚邱曰:「日之數十,故有十
> 時」,是言一日只十時也。〔註88〕

趙翼又謂:「葢歷家記載已用十二支,而民俗猶以夜半、雞鳴等爲候也。」〔註89〕是以楊伯峻先生則遵顧、趙二說亦言:「古無一日分十二時之說。至以十二

---

〔註84〕 參閱十三經注疏本《春秋左傳正義》(北京:北京大學出版社,2000 年),卷 43,頁 1396。

〔註85〕 參閱〔清〕顧炎武著:〈古無一日分爲十二時〉,《日知錄》,收入王雲五主編:《國學基本叢書》(臺北:臺灣商務印書館,1956 年),卷 20,頁 34。

〔註86〕 同上註,頁 36。

〔註87〕 同上註,頁 37。

〔註88〕 詳閱〔清〕趙翼撰:〈一日十二時始於漢〉,《陔餘叢考》,收入《續修四庫全書·子部·雜家類》(上海:上海古籍出版社,1995 年),1152 冊,卷 34,頁 16。

〔註89〕 同上註。

支紀時，《南齊書‧天文志》始有之。」〔註90〕且云：

> 古人分一晝夜爲十時，《靈樞經》謂：「漏水下百刻，以分晝夜」，《說
> 文》謂：「漏，以銅受水，晝夜百節」，百刻即百節，十節爲一時。
> 〔註91〕

楊氏依《靈樞經》、《說文》所稱每日「刻漏」百刻即百節，換算「一日十時」
而得每十節爲一時。更將一日十時分爲：「雞鳴、昧爽、旦、大昕、日中、日
昃、夕、昏、宵、夜中」〔註92〕等名。其說，亦受學者之引用，如趙宗乙先
生於其〈「晏朝」、「晏食」正解〉中謂：

> 古人記時概念較爲模糊，時段的劃分也複雜多樣。或分爲十大時段，
> 如《左傳‧昭公五年》云：「日之數十，故有十時。」即把一晝夜分
> 爲雞鳴、昧爽、旦、大昕、日中、日昃、夕、昏、宵、夜中等十個
> 時段。〔註93〕

趙氏咸遵楊伯峻所取「時稱」之名亦將一日分爲十個時辰。然上述諸家所言，
經出土漢簡對照，發現確然須有重新商榷釐清之處，尤其「十時」之論。故
此借引陳夢家先生之考證，以準前人或有未妥之說。陳氏謂：

> 夜半、雞鳴等「時稱」，見於漢簡及《漢書》，乃官文書，非僅民俗
> 所用。用十二支以記時，遠在南齊、北齊之前：蒲昌海出土晉簡（《流
> 沙墜簡》簿書類第二十九簡）已有卯時、申時，《莊子‧盜跖篇》《釋
> 文》引「《字林》〔註94〕曰：餔，日申時食也」，可以爲証。斯坦因

---

〔註90〕參閱楊伯峻先生著：《春秋左傳注》（高雄：復文圖書出版社，1991 年），下冊，
　　　　頁 1264。
〔註91〕同上註。
〔註92〕同上註。
〔註93〕參閱趙宗乙：〈「晏朝」、「晏食」正解〉，《泉州師範學院學報》第 23 卷第 1 期
　　　　（2005 年 1 月），頁 59。
〔註94〕趙振鐸先生稱：「〔西晉〕呂忱的《字林》是一部仿《說文》的字書,于《說文》
　　　　未收字多有補益。該書上承《說文》,下啓《玉篇》,六朝隋唐間很受重視,然至
　　　　元朝已散佚。清朝始有輯佚。《隋書‧經籍志》著錄《字林》七卷,〔晉〕呂忱
　　　　撰。呂忱是任城（今山東濟寧縣）人。他曾在西晉義陽王手下作過典祠令的小
　　　　官。義陽王是晉武帝司馬炎（236～290）的從伯父司馬望（205～271）,他卒
　　　　于晉武帝泰始七年（271）,呂忱應該是三國末到西晉初年時人。」（詳參趙振

在玉門一帶地面上檢獲一簡曰:「十月一日未時」(馬氏166,T.001),然未載出土地點,但此一帶出土多東漢簡而無晉簡,應為東漢晚期物。〔註95〕

陳夢家先生稱「夜半」、「雞鳴」等「時稱」於出土漢簡及《漢書》之中已可見,屬官文書,非僅民俗所用。且以十二支記時,於出土晉簡中已有發現,年代皆早於南、北齊,更且出土東漢簡中亦有十二支時辰記載,年代皆屬東漢晚期之物。陳氏亦由漢簡考證,得西漢時一日分作十八時分制,其時稱名如下:

夜半、夜大半、雞鳴、晨時、平旦、日出、蚤食、食時、東中、日中、西中、餔時、下餔、日入、昏時、夜食、人定、夜少半。〔註96〕

陳氏又言

以上凡記十八時的,多屬於自西漢武帝末至東漢建武時期的漢簡。……到王莽時、東漢初在民間或已簡化為十二分時。王充《論衡・自紀篇》作於章和二年(88A.D.),其〈調時篇〉曰「一日之中,分為十二時,平旦寅、日出卯也。十二月建寅卯,則十二月時所加寅卯也。……」此王充已明記當時十二時,并舉平旦為寅時、日出為卯時,而為歷來論十二時者所未引述。王充所述十二時,應如晉代杜預注《左傳》所述十二時,茲補足其相應的十二辰如下:子夜半、丑雞鳴、寅平旦、卯日出、辰食時、巳隅中、午正中、未日映、申餔時、酉日入、戌昏時、亥人定。〔註97〕

陳夢家先生稱記載十八時制多屬漢武帝至東漢初建武時期之漢簡。至王莽、東漢初時,於民間或已將十八時制簡化為十二分時。且依王充〈調時篇〉已記「一日之中,分為十二時……」云云以證其說。陳氏亦謂王充《論衡》成書

---

鐸:〈呂忱《字林》二三事〉,《辭書研究》2007年2期,頁131。)按:呂忱(?)書中已有十二地支名詞出現,其年代當與杜預(222~285)約略同時。

〔註95〕參閱陳夢家著:〈漢簡年歷表敘〉,《漢簡綴述》(北京:中華書局,1980年),頁242。

〔註96〕同上註,頁248~250。

〔註97〕同上註,頁251。

於東漢和帝章和年間，其所舉「平旦爲寅時」、「日出爲卯時」，爲歷來論十二時制所疏忽而未稱引者。陳氏更稱王充所述十二時應同如杜預注《左傳・昭公五年》「遇〈明夷〉䷣之〈謙〉䷎」所論之十二時辰。更且提出其考證之結論：「可知西漢行十八時分制，而東漢可能已行十二時分制，後者與十二辰相結合。」〔註98〕

是以，依陳氏之考證，一日分爲十二時之用，至遲於西漢末東漢初已行之於世，「古無一日分爲十二時」之說，當指「東漢以前」而論，則較爲恰當，然亦無證據可證西漢之前，曾有「一日分爲十時」之記載。

陳夢家先生另言：

> 刻漏之制應起于漢以前，《周禮》有挈壺氏和司寤氏，皆司時日。……終兩漢之世，漏刻畫夜百刻，《周禮・挈壺氏》鄭玄注云「分以日夜者，異畫夜漏也。漏之箭，畫夜共百刻，冬夏之間有長短焉，太史立成法有四十八箭」。賈疏云：「此據漢法而言」。《說文》曰「漏以銅受水，刻節，畫夜百刻。」〈堯典〉疏引「馬融云：古制刻漏，畫夜百刻。」《漢舊儀》曰「立夏、立秋畫六十二刻，夏至畫六十五刻」（《初學記》卷二十五），又曰「冬至畫四十一刻（本或作三十五刻），後九日加一刻，立春畫四十六刻，夜五十四刻」（《北堂書鈔》儀飾部）。兩漢之世共施用兩種漏制，一爲官漏，一爲夏歷漏。……王充《論衡》作于章和二年（88A.D.），正是兩種漏制并行的時期。〔註99〕

依陳氏考證刻漏之制應起于西漢之前，依文獻紀載，冬、夏畫、夜雖有長短，惟其制咸爲「畫夜合計百刻」。且兩漢之世「漏制」並行，一爲官漏、一爲夏漏，王充《論衡》所載，正是兩者并行之時。

陳氏且將兩者與「漢舊儀」排列比較，不論「官漏」或「夏漏」、「漢舊儀」皆爲每日畫夜合計「百刻」，更稱「西漢的官漏，可能是秦制之遺。」

---

〔註98〕陳夢家著：〈漢簡年歷表敍〉，《漢簡綴述》（北京：中華書局，1980 年），頁254。
〔註99〕同上註，頁239～240。

〔註 100〕所列資料如下：

| | 官漏 | | 夏歷漏 | | 漢舊儀 | |
|---|---|---|---|---|---|---|
| | 晝 | 夜 | 晝 | 夜 | 晝 | 夜 |
| 冬至 | 45 | 55 | 45 | 55 | 41(或作35) | |
| 立春 | 50 | 50 | 48.6 | 51.4 | 46 | 54 |
| 春分 | 55 | 45 | 55.8 | 44.2 | | |
| 立夏 | 60 | 40 | 62.4 | 37.6 | 62 | 38 |
| 夏至 | 65 | 35 | 65 | 35 | 65 | 35 |
| 立秋 | 60 | 40 | 62.3 | 37.7 | 62 | 38 |
| 秋分 | 55 | 45 | 55.2 | 44.8 | | |
| 立冬 | 50 | 50 | 48.2 | 51.8 | | |

〔註 101〕

今考《說文》段注：

> 晝夜百刻每刻爲六小刻，每小刻又十分之，故晝夜六千分，每大刻
> 六十分也。其散於十二辰，每一辰八大刻二小刻，共得五百分也。
>
> 此是古法《樂記》百度得數，而有常注云：「百度百刻也。」〔註 102〕

再比對醫家楊維傑先生之述：

> 它的計算方式，據《周禮總義》〔註103〕：每刻分爲六十分，一百刻，

---

〔註100〕陳夢家著：〈漢簡年歷表敘〉，《漢簡綴述》（北京：中華書局，1980 年），頁
240。

〔註101〕同上註。

〔註102〕參閱〔東漢〕許愼撰，〔清〕段玉裁注：《說文解字》，見鍾宗憲主編：《新添
古音說文解字注》（臺北：洪葉文化事業有限公司，1998 年），頁 571。按：
段玉裁（1735～1815）所引古法《樂記》爲何，未有交待，或不可考，然其
法與下註所引易袚《周禮總義》所舉之唐法，可稱不謀而合。抑二者皆同所
出，猶未可定。

〔註103〕楊氏所提之《周禮總義》即爲〔南宋〕趙希弁（？）所稱：「《周禮總義》三
十卷，山齋易袚所著也，許儀爲之序，刻於衡陽。」暨〔南宋〕王與之（？）
之言：「長沙易彥祥有《周禮總義》，皆推廣諸家說。」二者所論之《周禮總
義》。（詳參〔清〕朱彝尊原著，林慶彰、楊晉龍等編審，侯美珍等點校：《點
校補正經義考》（臺北：中央研究院中國文哲研究所，2004 年），第 4 冊，頁
409、410。）同然於《四庫提要》所述之《周官總義》。〈提要〉曰：〔宋〕易
袚（？）撰。袚有《周易總義》已著錄是書，陳振孫《書錄解題》不載，惟
趙希弁《讀書附志》著錄，稱許儀爲之序，刻於衡陽。今衡陽本世已無傳，
惟《永樂大典》尚載其〈天官〉、〈春官〉、〈秋官〉、〈考工記〉，而〈地官〉、〈夏
官〉亦佚。謹裒合四官之文，編次成帙，以存其舊，其〈地官〉、〈夏官〉則

共計六千分，將這個數字平均分配於十二時辰，每一時辰，各得五百分，以五百分按每刻的六十分去除，每一時辰等於八刻二十分，在一天中計有九十六刻二百四十分，二百四十分等於四刻，合共一百刻。〔註104〕

綜上可知，經出土材料之考證暨文獻、醫家之陳述，「刻漏百刻（節）」之時辰分配，皆以一日十二時辰分之，一時辰分得「八刻（節）二十分」，咸無百刻分配「十時」而得「一時辰爲十節」之說，且「刻漏之制，應起於漢代之前」。若此，亦可謂西漢之前均無楊伯峻先生所稱：「十節爲一時」之論。

陳夢家先生曾言：

> 漢以前一日分時之制，記載不詳。《左傳》宣公十二年記有「雞鳴、日中、日入」；昭公五年卜楚丘曰「日之數十，故有十時，亦當十位，自王已下，其二爲公，其三爲卿。日上其中，食日爲二，旦日爲三」。晉代杜預所注，以爲相應於十等人的十時，是日中、食時、平旦、雞鳴、夜半、人定、黃昏、日入、晡時、日昳，另外「隅中、日出不在第」。
>
> 此以後代十二時來解釋古制，恐未必盡合於《左傳》原意。〔註105〕

陳氏之意，指杜預依後代十二時辰對應於十等人之十時，將其置入《左傳》「十時」之觀念，恐未必盡合《左傳》之原意。然愚亦以爲楊伯峻先生猶如陳氏所言杜預之般，以土觀「十進位」之想法反置入《左傳》「十時」之解釋，或恐當有所未安。

考今文獻及出土材料猶尚不足，雖說《楚辭·天問》早有：「天何所沓？

---

採王與之《周禮訂義》所引，以補其亡，仍依《讀書附志》所列，勒爲三十卷。雖非完帙，然十已得其八九矣。」（參閱〔清〕永瑢等編撰：〈經部·禮類一〉《四庫全書總目》（臺北：藝文印書館，1964年），卷19，頁404。）按：四庫館臣筆誤爲《周易總義》，爲尊原文於此照錄，然應更正爲《周官總義》爲是。楊維傑先生據引之《周官總義》敘及之原文如下：「挈壺之制不可攷。以唐制推之水海浮箭，四匱注水，始自夜天池入于日天池，自日天池入于平壺，以次相注入于水海，浮箭而上，以浮箭爲刻，分晝夜計十二時，每時八刻二十分，每刻六十分。」（參閱〔南宋〕易祓撰：〈夏官司馬第四〉，《周官總義》，收入王雲五主持《四庫全書珍本二集》（臺北：臺灣商務印書館，1971年據國立故宮博物院所藏文淵閣本影印），卷17，葉3。）

〔註104〕參閱楊維傑先生編譯：〈五十營〉，《黃帝內經靈樞譯解》（臺北：志遠書局，1999年），頁182。

〔註105〕陳夢家著：〈漢簡年歷表敘〉，《漢簡綴述》（北京：中華書局，1980年），頁244。

十二焉分？」〔註106〕之述，惟亦無足以證先秦即以十二時辰分配百刻，而否定楊伯峻「十節為一時」之論，畢竟十二時辰分配百刻之說，則乃「後代」〔南宋〕易被（？）所推注，非漢前時人所言及，然亦不能依此，即稱「十節為一時」之述為是，故此「十時」之說，愚終究仍持保留之態度。

「日上其中，食日為二，旦日為三」之句，杜預依序注曰：「日中盛明，故以當王。公位。卿位。」〔註107〕其意且以「日中」為「日上其中」，「食日」即為「食時」，「旦日」則乃「平旦」，若此，方合杜預所言：「日中當王，食時當公，平旦為卿」之稱。孔穎達疏：「若據時之先後，則從旦至食，乃至於中，宜以左旋為次。」〔註108〕孔氏之意，依先後時序而言，乃自「旦」至「食」涖「中」採順時方向稱之，愚以為杜、孔二氏所言甚是。符合陳夢家先生「西漢簡」考證之時序：「日中為午～未之間、食時為巳時末、平旦為卯時末、雞鳴為寅時。王充《論衡》時序：日中於巳～午之間、食時為卯～辰之間、平旦為寅時初、雞鳴為丑時間」，陳氏之考證如下所列：

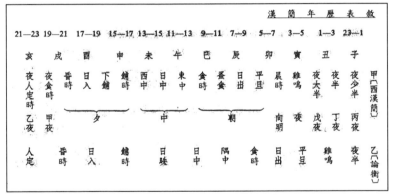

〔註109〕

陳夢家先生既稱：「王充所述十二時，應如杜預注《左傳》所述十二時」，是以杜氏時辰之注猶如王充《論衡》之述一般。若此，杜預注《左傳》所稱「平旦」

〔註106〕參閱〔楚〕屈原著：〈天問〉，見〔明〕汪瑗撰：《楚辭集解》，收入《續修四庫全書・集部・楚辭類》（上海：上海古籍出版社，1995 年），第 1301 冊，頁 104。

〔註107〕十三經注疏本《春秋左傳正義》（北京：北京大學出版社，2000 年），卷 43，頁 1397。

〔註108〕同上註。

〔註109〕參閱陳夢家著：〈漢簡年歷表敘〉，《漢簡綴述》（北京：中華書局，1980 年），頁 253。

即爲寅、「食時」乃爲辰、「日中」且爲午，時序猶爲：平旦（寅）→食時（辰）→日中（午）。然楊伯峻先生對杜預之注、孔氏之疏確有意見，楊氏稱：

> 據《史記‧天官書》「旦至食」，則旦而後食。而據杜注，日中爲王，食日爲公，旦日爲卿，豈不先後倒次？蓋日上其中者，日由地中上，雞初鳴也；食日者，昧爽也；旦日者，日初出也。如此始得其序。〔註110〕

依楊氏之言，其將「日中」釋爲「日上其中」，訓爲日由地中上，雞鳴之時；「食日」者，昧爽、拂曉之際；「旦日」乃日初出之意。如此，其序反爲：日中（日上其中〔雞鳴〕）→食日（昧爽）→旦日（日初出），全然與杜預、孔穎達注說反背，愚不知楊氏之論所據爲何？然甚感納悶者，乃其本既言《史記‧天官書》『『旦至食』，猶旦而後食」，何則復將「食日」訓爲「昧爽」，「旦日」釋爲「日初出」，而反成「食而後旦」？

今由出土漢簡、王充《論衡》之考證，咸知兩漢記時法中，誠然並無「日上其中」、「食日」、「旦日」之詞。且據杜預之注，逕釋「日上其中」爲「日中」、「食日」爲「食時」、「旦日」爲「平旦」，所述咸皆同然於出土漢簡記載之序，更且相埒於王充之《論衡》。楊氏訓「日中」爲「雞鳴」之時、「食日」爲「昧爽」之際，「旦日」爲「日出」之初，於出土漢簡及文獻咸無記載，其不采杜預之解，「獨創」該等說法，且今《漢語大辭典》亦采「旦日＝日初出」之說，若然，愚則以一介初學末進，本諸求知之愚誠，干犯以管窺豹之諱忌，提此疑異之處，祈冀方家不吝教正。

## 第四節　《左傳》占筮卦例「一爻變」
——「昭公七年、昭公十二年、哀公九年」；「五爻變」——「襄公九年」

### （一）《左傳‧昭公七年》（535B.C. 丙寅）

衛襄公夫人姜氏無子，嬖人婤姶生孟縶。孔成子夢康叔謂己：「立元，

---

〔註110〕參楊伯峻先生著：《春秋左傳注》（高雄：復文圖書出版社，1991年），下冊，頁1264。

余使羈之孫圉與史苟相之。」史朝亦夢康叔謂己:「余將命而子苟,與孔烝鉏之曾孫圉相元。」史朝見成子,告之夢,夢協。晉韓宣子爲政,聘于諸侯之歲,婤姶生子名之曰元。孟縶之足不良,能行。〔註111〕孔成子以《周易》筮之曰:「元尚享衛國,主其社稷。」遇〈屯〉䷂。又曰:「余尚立縶,尚克嘉之。」遇〈屯〉䷂之〈比〉䷇。……〔註112〕

衛襄公卒,〔註113〕生前未立太子。其夫人姜氏無子,嬖人婤姶生二子,長子名孟縶,不良於行;次子曰元。立太子之事,孔成子烝鉏與史朝議欲立元(即衛靈公),並以元爲喪主而葬襄公。〔註114〕

　　本事件,前後有兩次之占筮,立元筮之「遇〈屯〉䷂」爲無變爻之占,已略述於前。後問立縶之事,「遇〈屯〉䷂之〈比〉䷇」,〈屯〉䷂初九爻變,變卦爲〈比〉䷇。〈屯〉卦䷂卦辭:「屯,元亨,利貞,勿用有攸往,利建侯。」〔註115〕初九爻辭:「磐桓,利居貞,利建侯。」〔註116〕立元之筮,得〈屯〉卦䷂無變爻,因卦辭與名同,遂以卦辭占之,是以史朝曰:「元亨,又何疑焉。」〔註117〕毛奇齡稱此「亦一法也」〔註118〕。

〔註111〕按:孔穎達謂:「當斷不良爲句。『能行』向下讀之。」(參十三經注疏本《春秋左傳正義》(北京:北京大學出版社,2000年),卷44,頁1445。)其斷句法當受杜預注《傳》二十年:「縶足不良,故有役則以官邑還豹使行」之影響。(同前註,卷第49,頁1601。)然楊伯峻先生引說本《校勘記》及朱彬《經傳攷證》,認爲應以「『孟縶之足不良能行』爲句」,良,善也,謂不善能行也。」(參閱楊伯峻先生著:《春秋左傳注》(高雄:復文圖書出版社,1991年),下冊,頁1298。)按:愚之見,二者之說皆可行。一謂:足不良,然能行也;一謂:足不良於行也。二者關鍵皆在於足,足因不良,是以行之不便,句之斷與不斷,其意均通。

〔註112〕詳參十三經注疏本《春秋左傳正義》(北京:北京大學出版社,2000年),卷44,頁1444~1445。

〔註113〕按:昭公七年,秋,八月,衛襄公卒。(參閱十三經注疏本《春秋左傳正義》,卷44,頁1440。)

〔註114〕此筮事件之大概,援引自傅隸樸先生:〈昭公〉,《春秋三傳比義》(臺北:臺灣商務印書館,1983年),下冊,頁910。

〔註115〕同註112,卷1,頁39。

〔註116〕同上註,頁41。

〔註117〕同註112,頁1445。

〔註118〕毛奇齡謂:「此以卦詞與名合,故祇斷卦詞,亦一法也。」(參閱〔清〕毛奇

立繫之筮得〈屯〉䷂之〈比〉䷇，以初九爻辭占之，初九爻辭亦有「利建侯」一句，然二者畢竟有所差別，爻辭「利建侯」前有「磐桓，利居貞」，其義恰與「孟繫之足不良，能行」相吻，是以《傳》文曰：

> 弱足者居。侯主社稷，臨祭祀，奉民人，事鬼神，從會朝，又焉得居？各以所利，不亦可乎？〔註119〕

杜預注之：「跛則偏弱，居其家，不能行。孟跛利居，元吉利建。」〔註120〕兩筮之占，雖皆有「利」字，但其得宜之解，端視所適，毛奇齡對此亦提出看法：

> 夫利有兩等，有利居者；有利侯者。弱足者，利居，以不能行也。若侯，則宗廟、社稷、人民朝會，行動之不暇，而居之乎？然則《易》詞之兩「利」，明有分屬，一居之，而一建之，何不可之有？〔註121〕

毛氏之意即指，弱者宜靜不宜動，是以「利居」，然健全者，宗廟社稷、百姓鬼神所須忙碌盡力之事，當可由其勝任，是以「利侯」。雖皆謂之「利」，惟終究有所區別，不可一概而相量。

## （二）《左傳・昭公十二年》（530B.C. 辛未）

> 南蒯之將叛也，其鄉人或知之，過之而歎，且言曰：「恤恤乎，湫乎，攸乎。深思而淺謀，邇身而遠志，家臣而君圖，有人矣哉！」南蒯枚筮之，遇〈坤〉䷁之〈比〉䷇。曰：「黃裳元吉。」以為大吉也。示子服惠伯曰：「即欲有事，何如？」惠伯曰：「吾嘗學此矣，忠信之事則可，不然必敗。外彊內溫，忠也。和以率貞，信也。故曰『黃裳元吉』。黃，中之色也。裳，下之飾也。元，善之長也。中不忠，不得其色。下不共，不得其飾。事不善，不得其極。率事以信為共，供養三德為善，非此三者弗當。且夫《易》，不可以占險，將何事也，

齡著：《春秋占筮書》（臺北：廣文書局，1974 年），卷3，頁54。）
〔註119〕十三經注疏本《春秋左傳正義》（北京：北京大學出版社，2000 年），卷第44，頁1446。
〔註120〕同上註。
〔註121〕〔清〕毛奇齡著：《春秋占筮書》（臺北：廣文書局，1974 年），卷3，頁55。

且可飾乎？中美能黃，上美爲元，下美則裳，參成可筮。猶有闕也，
筮雖吉，未也。」〔註122〕

本筮例，乃本卦六五爻變之例。以本卦變爻爻辭：「黃裳元吉」，配以變卦〈比〉
卦䷇內、外小成坤☷、坎☵卦義以論之。外卦坎☵，爲陽、爲險，喻爲
外強，內卦坤☷，爲陰、爲順，爲溫和，是以言之「外彊內溫，忠也。和以
率貞，信也。」孔穎達猶稱：

〈坎〉☵《象》云「習坎重險」，是坎☵爲險也。《說卦》云「〈坤〉
☷，順也。」六五爻變，則上體爲坎☵，坎☵有險難，故爲剛
彊也。坤☷道和順，故爲溫柔也。剛彊以禦難，柔順以事主，故外
彊而能內溫，所以爲忠也。〔註123〕

孔穎達於此即言本卦〈坤〉☷六五爻變，成之卦〈比〉䷇之上體爲坎☵，
下卦爲坤☷所主之卦義，於外「剛強以禦難」，於內「柔順以事主」，是以「外
強內溫」方爲之「忠」。毛奇齡亦謂：

此皆就《易》義以陰斷其事，即筮詞也。外強二語，是合斷兩卦者：
坎☵險爲外強；坤☷順爲內溫，以遇與之，即內外也。〔註124〕

毛奇齡論本筮之占以六五爻義陰斷此事，且配以坎☵、坤☷小成卦義合論。
孔穎達即言坎☵、坤☷猶能合得「信」字之義，謂之：「水和而土安正。和、
正，信之本也。」〔註125〕李道平且云：「水和而土安，曰『和』，正信之本也。」
〔註126〕毛奇齡更謂：「忠信者，即前所云忠信之事也。」〔註127〕三者之述，
曠然章顯坎☵、坤☷二象論占合成「忠信」之卦意，然高亨先生卻稱：「這

---

〔註122〕十三經注疏本《春秋左傳正義》（北京：北京大學出版社，2000年），卷第45，
頁1497～1499。
〔註123〕同上註，頁1497～1498。
〔註124〕參閱〔清〕毛奇齡著：《春秋占筮書》（臺北：廣文書局，1974年），卷3，頁
56。
〔註125〕同註122，頁1498。
〔註126〕參閱〔清〕李道平：〈《左傳》〉，《易筮遺占》，收入嚴靈峯編輯：《無求備齋易
經集成》（臺北：成文出版社，1976年，據清光緒十七年刊《湖北叢書》本
影印），154冊，頁22。
〔註127〕參閱〔清〕毛奇齡著：《春秋占筮書》（臺北：廣文書局，1974年），卷3，頁
54。

是從黃裳元三字來論斷吉凶，也就是根據爻辭來論斷吉凶，沒有象數的意味。」〔註128〕高氏此言愚頗不予苟同。

觀子服惠伯不僅運用變爻爻辭分析，更且稱引「之卦」內、外小成卦象之義以論，述說甚明，然高氏何以無能看出，愚極不解？愚甚以爲，子服惠伯或已自鄉人間聽聞南蒯欲叛之事，是以取變卦內、外卦之象義，含沙影射其謀叛之事，故謂之：「忠信之事則可，不然必敗。」惟南蒯終未采其言，致事泄奔齊。

南蒯枚筮之「枚」字，孔穎達謂之：

> 「枚」，是籌之名也。《尚書・大禹謨》：舜禪禹，禹讓不受，請帝「枚卜功臣，惟吉之從」。孔安國云：「枚謂歷卜之，而從其吉。」彼謂人下一籌，使歷卜之也。此則不告筮者，以所筮之事，空下一籌，而使之筮，故杜云「不指其事，汎卜吉凶」也。或以爲杜云「汎卜吉凶」，謂枚雷揔卜。〔註129〕

毛奇齡亦言：「不告以斷筮之事，而但下一空籌以筮之，謂之『枚筮』。」〔註130〕愚且以爲，往往不可告人或不便告人之事，於求占之時，常於口中唸唸有辭或心中默禱，然後筮之，此似爲常情。南蒯將叛之事，倘於求占之時說出，後果如何，可想而知，故而以「枚筮」之法筮之，頗爲正常，孔、毛二氏雖無明言，然所表之意，無非若此。

本筮筮辭：「元，善之長也」，乃藉引〈乾〉卦☰《文言》：「元者，善之長也」〔註131〕一語而來。程頤曾於〈大有〉☲《象傳》疏解「元亨」之時，予其「元」義敘之甚詳，程氏云：

> 諸卦具元、亨、利、貞，則《象》皆釋爲大亨〔註132〕，恐疑與〈乾〉

---

〔註128〕參閱高亨先生著：〈《左傳》《國語》的《周易》說通解〉，《周易雜論》（齊魯書社，1981年），頁77。

〔註129〕十三經注疏本《春秋左傳正義》（北京：北京大學出版社，2000年），卷第45，頁1497。

〔註130〕參閱〔清〕毛奇齡著：《春秋占筮書》（臺北：廣文書局，1974年），卷3，頁55。

〔註131〕同註129，卷第1，頁14。

〔註132〕黃忠天先生稱皆釋爲「大亨」者：「如〈屯〉☵、〈隨〉☱、〈无妄〉☲、〈革〉

▤、〈坤〉▤▤同也，不兼利貞，則釋爲元亨，盡「元」義也。元有
「大善」之義，有元亨者四卦，〈大有〉▤▤、〈蠱〉▤▤、〈升〉▤、
〈鼎〉▤也。唯〈升〉▤▤之《象》，誤隨它卦作「大亨」。曰：諸
卦之「元」與〈乾〉▤不同，何也？曰：「元」之在〈乾〉▤，爲
元始之義，爲首出庶物之義，它卦則不能有此義，爲「善」爲「大」
而已。曰：元之爲大可矣，爲善何也？曰：元者物之先也，物之先，
豈有不善者乎？事成而後有敗，敗非先成者也；興而後有衰，衰固
後於興也。得而後有失，非得則何以有失也？至於善惡治亂是非，
天下之事，莫不皆然，必善爲先，故《文言》曰：「元者善之長也。」
〔註133〕

程氏稱《易》之「元」義，非僅「大」而已，尚有「初始」、「善」者之釋，
觀之程《傳》解析甚爲分明，然高亨先生卻言：

《周易》的「元」只有大的意思，沒有善的意思。（它書「元」字也
是這樣，如元凶、元惡都與善相反）子服惠伯說：「元，善之長也。」
也失去《周易》原意。〔註134〕

高氏之說，愚頗不以爲然，其言雖與本文主題無甚關連，然爲秉求學術之合
理，是以提出，以供方家酌參比較。

## （三）《左傳·哀公九年》（486年 B.C. 乙卯）

晉趙鞅卜救鄭，遇水適火，占諸史趙、史墨、史龜。史龜曰：「是謂
沈陽，可以興兵。利以伐姜，不利子商。伐齊則可，敵宋不吉。」
史墨曰：「盈，水名也。子水位也。名位敵，不可干也。姜姓其後也。
水勝火，伐姜則可。」史趙曰：「是謂如川之滿，不可游也。鄭方有
罪，不可救也。救鄭則不吉，不知其他。」陽虎以《周易》筮之，

▤諸卦《象》傳。」（參閱黃忠天先生著：《周易程傳註評》（高雄：復文圖
書出版社，2004年），頁130。）

〔註133〕參閱〔北宋〕程頤撰：《伊川易傳》，收入景印《文淵閣四庫全書·經部 3·
易類》（臺北：臺灣商務印書館，1983年），第9冊，卷1，頁209～210。
〔註134〕參閱高亨先生著：《〈左傳〉〈國語〉的《周易》說通解》，《周易雜論》（齊魯
書社，1981年），頁77。

遇〈泰〉䷊之〈需〉䷄，曰：「宋方吉，不可與也。微子啓，帝乙
之元子也。宋、鄭，甥舅也。祉，祿也。若帝乙之元子歸妹，而有
吉祿，我安得吉焉？」〔註135〕

本筮例，乃述敍宋國伐鄭，而晉國趙鞅欲救鄭國而先卜後筮之事件。所卜之
兆爲「遇水適火」，杜預注曰：「水火之兆」〔註136〕。自「陽虎以《周易》筮
之」之前，皆以占卜論斷。杜預稱：「趙鞅，姓盈。宋，姓子。水盈坎乃行，
子姓又得北方之位。」〔註137〕孔穎達亦謂：

> 〈秦本紀〉秦，伯翳之後，爲嬴姓也。〈趙世家〉云：趙氏之先，與
> 秦同祖。其伯翳後世爲盈泄蜚廉，有子二人：一曰惡來，其後爲秦；
> 一曰季勝，其後爲趙。今卜趙鞅伐宋，故以嬴子二姓爲占也。〔註138〕

晉欲救鄭必與宋國爲敵，然占卜之結果，顯示不宜與宋對壘。因趙、宋咸皆
「水」姓，國勢均強，兩虎相爭必有一傷，是以杜預曰：「二水俱盛，故言
『不可干』。」〔註139〕然齊國「姜」姓乃炎帝之後，五行屬「火」，故杜注：
「神農有火瑞，以火名官。」〔註140〕由五行相剋之道，趙可伐齊，乃水剋
火之故。〈洪範〉云：「三人占，則從二人之言。」〔註141〕前三卜者皆已稱
「不可」，然趙鞅抑或心有未甘，仍命陽虎以《周易》筮之「遇〈泰〉䷊之
〈需〉䷄」六五爻變。陽虎遂以論斷：「宋方吉，不可與也。」所據乃因〈泰〉
卦䷊六五爻辭：「帝乙歸妹，以祉元吉」，〔註142〕其中「帝乙」之故。六五
陰爻居尊得中，是以杜預謂之：

> 帝乙，紂父，五爲天子，故稱帝乙。陰而得中，有似主者嫁妹，得

---

〔註135〕十三經注疏本《春秋左傳正義》（北京：北京大學出版社，2000年），卷第58，
　　　　頁1900～1902。
〔註136〕同上註，頁1900。
〔註137〕同上註，頁1900～1901。
〔註138〕同上註。
〔註139〕同上註，頁1901。
〔註140〕同上註。
〔註141〕〔西漢〕孔安國傳，〔唐〕孔穎達疏：〈洪範第六〉，《尚書正義》（北京：北京
　　　　大學出版社，2000年），卷第12，頁372。（按：以下凡有資料引自本書，均
　　　　簡稱爲十三經注疏本《尚書正義》。）
〔註142〕同註135，卷第2，頁81。

如其願，受福祿而大吉。〔註143〕

孔穎達亦稱：

〈泰〉䷊六五曰：「帝乙歸妹以祉，元吉。」《易》之文也。既引其文，又解其意。帝乙，紂父，〈殷本紀〉文也。《易》之爻位五，爲天子，故於六五之爻稱帝乙也。其《象》曰：「以祉元吉，中以行願。」六是陰爻也。五是上體之中，居天子之位，陰而得中，有似王者嫁妹，如其願，受福祿而大吉。〔註144〕

故此所占筮辭即曰：「微子啓，帝乙之元子也。宋、鄭，甥舅也。祉，祿也。若帝乙之元子歸妹，而有吉祿，我安得吉焉？」〔註145〕因而打消伐宋之心，避免一場無謂戰爭之荼毒。本筮例，純以變爻爻辭之義論占，同於〈昭公七年〉遇〈屯〉䷂之〈比〉䷇，以〈屯〉卦䷂變爻初九問占。

### （四）《左傳‧襄公九年》（564B.C. 丁酉）

穆姜薨於東宮。始往而筮之，遇〈艮〉䷳之八，史曰：「是謂〈艮〉䷳之〈隨〉䷐。〈隨〉，其出也，君必速出。」姜曰：「是於《周易》曰：『隨，元、亨、利、貞，无咎。』元，體之長也。亨，嘉之會也。利，義之和也。貞，事之幹也。體仁足以長人，嘉德足以合禮，利物足以和義，貞固足以幹事。然故不可誣也，是以雖〈隨〉䷐无咎。今我婦人，而與於亂，固在下位，而有不仁，不可謂元；不靖國家，不可謂亨；作而害身，不可謂利；弃位而姣，不可謂貞。有四德者，隨而無咎。我皆無之，豈隨也哉？我則取惡，能無咎乎？必死於此，弗得出矣！」〔註146〕

穆姜爲魯襄公祖母亦即成公之母，〔註147〕與叔孫僑如私通，欲廢成公，事敗，

---

〔註143〕十三經注疏本《春秋左傳正義》（北京：北京大學出版社，2000年），卷第58，頁1901。

〔註144〕同上註。

〔註145〕杜注：「宋、鄭爲昏姻甥舅之國。宋爲微子之後，今卜得帝乙卦，故以爲宋吉。」孔穎達疏：「宋鄭異姓，必嫁娶往來或可時實有親，故爲甥。甥輒言甥舅者，言其昏姻勢敵，敵則無以相傾，宋有福，鄭必衰，言鄭不可助也。」（十三經注疏本《春秋左傳正義》，卷第58，頁1901～1902。）

〔註146〕同註143，卷第30，頁997～999。

〔註147〕杜注：「穆姜，成公母。」（同上註，卷第28，頁903。）

徙居東宮。〔註 148〕此爲其移居前所筮之卦，「遇〈艮〉☶☶之八」，所用筮法爲何？迄今猶然爭議不休。杜預稱其爲《連山》或《歸藏》二《易》，〔註 149〕然孔穎達卻持不置可否惟又反對之意見，其稱：

> 《周易》以變爲占，占九、六之爻，《傳》之諸筮，皆是占變爻也。
> 其《連山》、《歸藏》以不變爲占，占七、八之爻。二《易》並亡，
> 不知實然以否？世有《歸藏易》者，僞妄之書，非殷《易》也。假
> 令二《易》俱占七、八，亦不知此筮爲用《連山》、爲用《歸藏》？
> 所云「遇〈艮〉☶☶之八」，不知意何所道。以爲先代之《易》，其言
> 亦無所據，賈、鄭先儒相傳云耳。〔註 150〕

是以洎此，偕《國語》〈泰〉☷☰之八，貞〈屯〉☵☳悔〈豫〉☳☷皆八三者，莫不淪於歷代眾家諸儒，於《周易》「九、六、七、八」之用九、用六爭論旋渦中糾葛不休。〔註 151〕尤有甚者，更言杜預、韋昭二者之注，乃不知「用八」之義，而意指其說爲非。〔註 152〕清初大儒顧炎武（1613～1682）亦言：

> 以〈艮〉☶☶言之，二爻獨變，則名之「六」，餘爻皆變，而二爻獨
> 不變，則名之「八」，是知〈乾〉☰☰、〈坤〉☷☷亦有用七、用八時
> 也。〔註 153〕

---

〔註 148〕毛奇齡謂：「穆姜，成公母，以通于叔孫僑如，欲廢成公而立公子偃、公子鉏，且使僑如愬于晉，而逐季、孟，事敗，故徙居東宮。此因其既死，而追述始往之筮以爲戒。」（見〔清〕毛奇齡著：《春秋占筮書》（臺北：廣文書局，1974年），卷 2，頁 37。）

〔註 149〕杜預注曰：「《周禮》：『大卜掌三《易》。』然則雜用《連山》、《歸藏》、《周易》。二《易》皆以七、八爲占。故言遇〈艮〉☶☶之八。」（十三經注疏本《春秋左傳正義》，卷第 30，頁 997。）

〔註 150〕十三經注疏本《春秋左傳正義》（北京：北京大學出版社，2000年），卷第 30，頁 997。

〔註 151〕爲節本文，此部份諸如〔唐〕一行、劉禹錫；〔北宋〕王安石、蘇軾；〔南宋〕程迥、朱熹……等等眾家所言之分析，將於之後各章節討論。

〔註 152〕〔清〕李道平於本筮條中謂：「愚案：杜氏不知用八之義，與韋昭《國語》注同，今不錄。」（參閱〔清〕李道平著：〈左傳〉，《易筮遺占》，收入嚴靈峯編輯：《無求備齋易經集成》（臺北：成文出版社，1976年據清光緒 17 年刊《湖北叢書》本影印），第 154 冊，頁 14。）

〔註 153〕〔清〕顧炎武著：〈七、八、九、六〉，《日知錄》，見王雲五主編：《國學基本叢書》（臺北：臺灣商務印書館，1956年），卷 1，頁 26。

毛西河（1623～1716）則稱：「〈艮〉䷳之八者，揲筮之策。以六、七、八、九為陰陽老少之數，從來莫解說。」〔註154〕揆諸歷代方家衍論，均受史曰：「是謂〈艮〉䷳之〈隨〉䷐。〈隨〉䷐，其出也，君必速出」之語啟發，而將〈艮〉䷳之八視若《周易》〈艮〉䷳之〈隨〉䷐予以占論。

昉洎〔唐〕劉禹錫（772～842）以降，〔註155〕諸家莫不將此「遇〈艮〉䷳之八」，歸為內、外《傳》唯一五爻變之筮例，且據此，反求解另兩筮例，惟常淪為顧此失彼、互為矛盾，無可三者盡通其說，且致無以相釋，各自解讀。是以之「八」一事困擾古今，方家之說依然百般，然儒者卻無一所適。

迄此，《左傳》中與《周易》占筮有關之筮例——無爻變者三例、一爻變者十例、五爻變者一例，計十四則已簡述完畢。另屬《國語》占筮卦例，另於下節分析。

## 第五節　《國語》占筮卦例

《國語》中與《周易》有關之占筮卦例計有三則，以下依時間先後及爻變數臚列簡述。

### （一）《國語・晉語》（637B.C. 甲申）〔註156〕

公子親筮之曰：「尚有晉國？」得貞〈屯〉䷂悔〈豫〉䷏皆八也。

---

〔註154〕參閱：〔清〕毛奇齡撰：〈春秋外傳〉，《春秋占筮書》（臺北：廣文書局，1974年），卷2，頁37。

〔註155〕劉禹錫曰：「穆姜薨于東宮。始往而筮之，遇〈艮〉䷳之八，史曰：『是謂〈艮〉䷳之〈隨〉䷐。夫〈艮〉䷳之〈隨〉䷐唯六二爻不動，餘五盡變，變者，遇『九』、『六』也；二不動者，遇『八』也。』（參閱〔唐〕劉禹錫撰：〈六、九之數〉，《劉賓客文集》，收入景印《文淵閣四庫全書・集部16・別集類》（臺北：臺灣商務印書館，1985年），第1077冊，卷7，頁371。）按：劉禹錫之說即指〈艮〉卦䷳六二爻不動為「八」，餘五爻位為策數「九」、「六」者，皆為變爻。

〔註156〕按：《左傳・僖公二十三年》（637B.C.）記載重耳至秦，秦穆公熱烈接待，並許配五女予他，其中含秦穆公親生女兒懷嬴；《左傳・僖公二十四年》（636B.C.）秦穆公護送重耳回晉國。重耳即位，稱晉文公。（參閱十三經注疏本《春秋左傳正義》（北京：北京大學出版社，2000年），卷第15，頁473；476。並參考「維基百科」http://zh.wikipedia.org/wiki/晉文公）推算此筮當在637B.C.甲申年時。

筮史占之皆曰：「不吉，閉而不通，爻無爲也。」司空季子曰：「吉。是在《周易》，皆利建侯。不有晉國以輔王室，安能建侯？」我命筮曰：「尚有晉國？」筮告我曰：「利建侯，得國之務也，吉孰大焉。」震☳，車也；坎☵，水也；坤☷，土也；〈屯〉䷂，厚也；〈豫〉䷏，樂也。車班外內順以訓之，泉源以資之，土厚而樂，其實不有晉國，何以當之？震☳，雷也、車也；坎☵，勞也、水也、眾也。主雷與車，而尚水與眾，車有震武，眾順文也。文武具厚之至也，故曰〈屯〉䷂。其繇曰：「元亨利貞，勿用有攸往，利建侯。」主震☳雷，長也，故曰「元」；眾而順，嘉也，故曰「亨」；內有震☳雷，故曰「利貞」。車上水下必伯，小事不濟，壅也，故曰：「勿用有攸往」，一夫之行也。眾順而有武威，故曰：「利建侯」。坤☷，母也；震☳，長男也。母老子彊，故曰〈豫〉䷏，其繇曰：「利建侯行師」，居樂出威之謂也。是二者，得國之卦也。〔註157〕

姬公子重耳，流亡至秦，意欲回晉所占之筮例。文中顯示筮者一開始占得〈屯〉䷂、〈豫〉䷏二卦，其筮辭謂之：「得貞〈屯〉䷂悔〈豫〉䷏皆八」，與《左傳》所載各筮例「遇某卦之某卦」明顯不同，筮史皆曰「不吉，閉而不通，爻無爲也。」惟司空季子卻稱：「吉。是在《周易》，皆利建侯。不有晉國以輔王室，安能建侯？」此句已明確指出前述非以《周易》之法占筮，且所得與《周易》筮法呈現相反結果。〔註158〕

　　後文述司空季子以《周易》〈屯〉䷂、〈豫〉䷏卦辭暨兩者內、外小成震☳、坎☵、坤☷卦之卦象分析論斷，歷代學者均將其視爲內、外《傳》三爻變筮例，儼然此筮猶如《內傳》所載「遇某卦之某卦」般而視如：「遇〈屯〉

〔註157〕　〔周〕左丘明撰，〔吳〕韋昭注：〈晉語四〉，《國語》（臺北：臺灣中華書局，1966 年據士禮居黃氏重雕本校刊），卷第 10，葉 10～11。

〔註158〕　按：初始，筮史非以《周易》筮法占得結果爲「不吉」；司空季子以《周易》斷之曰：「吉」，結果對照歷史，晉文公回國即位並開創春秋五霸霸主地位。愚以爲，《國語》作者之意，當有暗示《周易》占法較諸他法更爲準確之意，否則一筮之例，何以兩法陳述？

▤之〈豫〉▤」。是以眾方家莫不依《周易》筮法，以解「皆八」之義，且與韋昭之注〔註159〕為比，亦洎此衍生「貞」、「悔」二字之爭議，更且三「八」之筮猶然無可得其共通之解，本文嗣後為此將提出完整詳細之討論。

### （二）《國語・晉語》（636B.C. 乙酉）〔註160〕

十月惠公卒，十二月秦伯納公子。及河子犯授公子載璧，曰：「臣從君還軫巡於天下怨其多矣。臣猶知之而況君乎？不忍其死，請由此亡。」公子曰：「所不與舅氏同心者，有如河水沈璧以質。」董因迎公於河，公問焉曰：「吾其濟乎？」……君之行也，歲在大火，閼伯之星也，是謂大辰。辰以成善，后稷是相，唐叔以封。瞽史記曰：「嗣續其祖如穀之滋必有晉國。」臣筮之得〈泰〉▤之八，曰：「是謂天地配亨，小往大來，今及之矣。何不濟之有，且以辰出而以參入，皆晉祥也。……」〔註161〕

內、外《傳》三「八」筮例，唯一無相應之卦可資對照者，即《國語》：「得〈泰〉▤之八」。洎古以來，眾說紛云，莫衷一是，其複雜難解，亦常令方家無以為適。〔註162〕

---

〔註159〕韋昭注曰：「內曰貞，外曰悔，震▤下坎▤上，〈屯〉▤；坤▤下震▤上，〈豫〉▤。得此兩卦，震▤在〈屯〉▤為貞，在〈豫〉▤為悔，八謂震▤，兩陰爻在貞在悔皆不動，故曰『皆八』，謂爻無為也。」（參閱〔周〕左丘明撰，〔吳〕韋昭注：〈晉語四〉，《國語》（臺北：臺灣中華書局，1966 年據士禮居黃氏重雕本校刊），卷第 10，葉 10。）

〔註160〕按：依韋注：「《內傳》魯僖二十三年九月晉惠公卒，而此云十月，賈侍中以為閏餘。十八，閏在十二月，後《魯史》閏為正月，晉以九月為十月而置閏也。秦伯以十二月始納公子，公子以二十四年正月入晉桒泉。」（參閱〔周〕左丘明撰，〔吳〕韋昭注：〈晉語四〉，《國語》（臺北：臺灣中華書局，1966 年據士禮居黃氏重雕本校刊），卷第 10，頁 11。）推算此筮應在重耳回國即位前所占，時間當在魯僖公二十四年（636B.C. 乙酉）時。

〔註161〕〔周〕左丘明撰，〔吳〕韋昭注：〈晉語四〉，《國語》（臺北：臺灣中華書局，1966 年據士禮居黃氏重雕本校刊），卷第 10，頁 11～12。

〔註162〕按：三「八」筮例，於朱熹〈考變占〉中獨缺「得〈泰〉▤之八」之例，查考朱子著作均無有關此筮例之言論，是以可判斷，朱子對於「得〈泰〉▤之八」亦存不知何解之心態，相對於其尊稱「程丈、大師、老丈」之程迥所論，亦持不置可否態度，是以於〈考變占〉中，相異於「貞〈屯〉▤悔〈豫〉▤皆八」列為三爻變筮例；「遇〈艮〉▤之八」列入五爻變筮例，唯獨「得〈泰〉▤之

本筮例所述，乃秦軍護送重耳回國即位前所占，與「得貞〈屯〉☷☳悔〈豫〉☳☷皆八」，有著時間前後呼應之對照。其異於另兩「之八」、「皆八」筮例者，乃在於無如所稱：「在《周易》，是謂得〈泰〉☷☰之某卦」或〈屯〉☷☳、〈豫〉☳☷般有兩卦相互對應，致使方家注解本例，不若「遇〈艮〉☶☶之八」、「得貞〈屯〉☷☳悔〈豫〉☳☷皆八」般容易。韋昭被視爲現存文獻中最早注解本筮者，其謂：「乾☰下坤☷上，〈泰〉☷☰。過〈泰〉☷☰無動爻無爲侯。」〔註163〕歷代以來，同意韋氏「無動爻」之說者，以〔唐〕劉禹錫（772～842）爲代表，其謂：

> 韋昭云〈泰〉☷☰三至五震☳象爲侯，陰爻不動，其數皆八……夫〈泰〉☷☰，乾☰、坤☷體全，內外位正，內爲身，外爲事，卜得國事也，以外卦爲占，六五居尊位，故統論卦，下辭曰：「小往大來」，爻遇歸妹，故曰：「天地配亨」，何必取互體也。〔註164〕

劉氏雖不贊韋昭互體震卦☳☳之說，惟仍循其不變爻模式，另立「六五爻爲〈泰〉卦☷☰卦主，且配以外卦問占」之論。〔元〕雷思齊（1231～1303）亦遵韋氏之言，稱：

> 董因又筮之得〈泰〉☷☰之八。昭又注〈泰〉☷☰无動爻，陰爻不動，其數皆八，則「－－」爲耦畫之不動者，皆爲八，又其微也。〔註165〕

〔清〕任啓運（1670～1744）亦曾言：「汴水趙氏汝楳曰：『占法有五……或不用變爻』如董因，爲晉文公筮〈泰〉☷☰之八。」〔註166〕猶視「〈泰〉☷☰之

---

八」無歸於何爻變之列。若此可見，「得〈泰〉☷☰之八」困擾古今，縱如朱子般之大家，猶避而不論。（參閱〔南宋〕朱熹撰：〈考變占〉第四，《易學啓蒙》，見〔清〕李光地等撰：《周易折中》，收入景印《文淵閣四庫全書・經部32・易類》（臺北：臺灣商務印書館，1983年），第38冊，卷20，頁501～503。）

〔註163〕參閱〔周〕左丘明撰，〔吳〕韋昭注：〈晉語四〉，《國語》，卷第10，頁11。按：愚以爲原註文之「過」字當爲「遇」之誤字。

〔註164〕參閱〔唐〕劉禹錫撰：〈與董生言《易》〉，《劉賓客文集》，收入景印《文淵閣四庫全書・集部16・別集類》（臺北：臺灣商務印書館，1985年），第1077冊，卷7，頁372。

〔註165〕參閱〔元〕雷司齊撰：〈九六〉，《易筮通變》，收入《正統道藏》（臺北：藝文印書館，1977年），第34冊，卷中，頁27089。

〔註166〕參閱〔清〕任啓運：〈占法〉，《周易洗心》，收入景印《文淵閣四庫全書・經

八」爲無變爻之筮。〔清〕錢大昕（1728～1804）且云：

> 數爻變，則以《象》辭占。如〈艮〉䷳之八、貞〈屯〉䷂悔〈豫〉
> ䷏皆八是也。六爻皆不變，亦以《象》辭占，〈泰〉䷊之八是也。
> 〔註167〕

錢氏同然持「六爻皆不變」之說。晚近學者楊樹達更且咸遵韋氏之論；〔註168〕
高亨亦言：「秦穆公以兵力幫助晉公子重耳去奪取晉國，董因給重耳占了一
卦，遇到〈泰〉卦䷊，未變。」〔註169〕且於〈《周易》筮法新考〉論述中，
將本筮例，歸爲「六爻皆不變者」之列，謂之：「右一條乃一爻或兩爻爲九、
六，而宜變之爻與可變之爻不相值者，其宜變之爻，不值『九』、『六』而值
『八』，故云『得〈泰〉䷊之八』。」〔註170〕另有持論「三爻變」者，首推〔南
宋〕程迥（？），其云：

> 《國語》董因，爲晉文公筮「遇〈泰〉䷊之八」。謂初、二、三以
> 九變八，而四、五、上不變爲八，故曰〈泰〉䷊之八也。〔註171〕

程氏即言〈泰〉䷊初、二、三爻變，四、五、上爻不變而成〈泰〉䷊之〈坤〉
䷁。〔清〕李道平亦稱：

> 今據《象》辭觀之，知此筮用八，決爲〈泰〉䷊之〈坤〉䷁，惟
> 〈泰〉䷊之〈坤〉䷁則是三陰不動，故曰〈泰〉䷊之八。一陰不
> 動，〈艮〉䷳之八；貞〈屯〉䷂悔〈豫〉䷏皆八，三陰不動，其

---

部45・易類》（臺北：臺灣商務印書館，1983年），第51冊，卷首下，頁228。

〔註167〕 參閱〔清〕錢大昕著：〈答問一・易〉，《潛研堂文集》，見王雲五主編：《國學
基本叢書》（臺北：臺灣商務印書館，1968年），卷4，頁53。

〔註168〕 參閱楊樹達撰：《周易古義》，收入嚴靈峯編輯：《無求備齋易經集成》（臺北：
成文出版社，1976年據民國18年排印本影印），第107冊，卷2，頁70。按：
楊樹達全依韋注之說。

〔註169〕 參閱高亨著：〈《左傳》《國語》的《周易》說通解〉，《周易雜論》（濟南：齊
魯書社，1981年），頁85。

〔註170〕 參閱：高亨著：〈《周易》筮法新考・東周筮法之實徵〉，《周易古今通說》，收
入《周易古經今注》（北京：中華書局，1989年），頁151。按：有關高氏所
謂：「宜變與可變爻、相值不相值」諸問題，本文於第五章討論，此不贅述。

〔註171〕 〔南宋〕程迥撰：〈占說〉第八，《周易古占法》，收入嚴靈峯編輯：《無求備
齋易經集成》（臺北：成文出版社，1976年據明嘉靖間天一閣刊本影印），第
154冊，卷1，頁18。

義一也。〔註172〕

李道平之論全然程迥之翻版。尚有「未置可否，無以定論」者，如〔元〕黃澤（1260～1346）稱：

> 《周易》占變爻之法，《繫辭》中不見，獨《春秋》內、外《傳》有十數處，然大抵古法難以盡曉。如〈艮〉▦之八、〈泰〉▦之八、貞〈屯〉▦悔〈豫〉▦皆八，最爲可疑，《啓蒙》雖頗具其說，誠恐非古法也。〔註173〕

黃澤仍然質疑三「八」筮例筮法所由，故對朱熹《易學啓學》所論尚存疑惑之態。然毛奇齡於此堪稱最具代表性者。

　　博學好辯如毛奇齡，竟於《春秋占筮書》中避此筮例，隻字未提。觀其全書旁徵博引內、外《傳》兼及歷代方家筮例，且於〈春秋外傳〉訓釋中，另附註有史籍文獻所載諸般筮例：

> 《呂氏春秋》孔子筮得〈賁〉卦▦上艮下離；《漢書》武帝伐匈奴，筮之得〈大過〉九五巽下兌上▦；晉元帝，初鎮建鄴，王導使郭璞筮之「遇〈咸〉▦之〈井〉▦」；晉渡江後宣城太守殷祐以郭璞爲參軍……令璞作卦「遇〈遯〉▦之〈蠱〉▦」；〔唐〕李綱在隋仕宦不進，筮之得〈鼎〉▦；五代石晉高祖，以太原拒命廢帝，遣兵圍之，勢甚急，命馬重績筮之，遇〈同人〉▦；《聽齋雜記》：〔明〕「土木之變」，南冢宰魏驥，將集同官，上監國疏，會錢塘客陸時至，善《易》請筮之「得〈恆〉▦之〈解〉▦」〔註174〕

觀毛氏所附筮例計有七則，惟依然不見「得〈泰〉▦之八」。〔註175〕此則乃《國語》唯三筮例之一，以毛氏之博學彊記，斷不該有此情況發生，愚以爲無非不知其故難詳，姑「從缺」之。且此推測於《易小帖》中獲得證實，其曰：

〔註172〕參閱〔清〕李道平著：〈國語〉，《易筮遺占》（收入嚴靈峯編輯：《無求備齋易經集成》（臺北：成文出版社，1976 年據清光緒十七年刊《湖北叢書》本影印），第 154 冊，頁 30。

〔註173〕參閱〔元〕黃澤：《易學濫觴》，收入景印《文淵閣四庫全書‧經部 18‧易類》（臺北：臺灣商務印書館，1983 年），第 24 冊，頁 8。

〔註174〕參閱〔清〕毛奇齡撰：〈春秋外傳〉，《春秋占筮書》（臺北：廣文書局，1974 年），卷 3，頁 64～70。

〔註175〕同上註，頁 61～71。

如曰老陽爲九、老陰爲六、少陽爲七、少陰爲八，老變而少不變；夏、商占《易》皆以不變者爲占，故占七、八。則此遇〈艮〉▤▤之八，即遇〈艮〉▤▤之〈隨〉▤▤，〈隨〉▤▤止第二爻不變；若《國語》遇〈泰〉▤▤之八，即遇〈泰〉▤▤之〈豫〉▤▤，〈豫〉▤▤則上與五皆不變矣。不止一「八」矣。然亦曰：「之八」，將之上「之八」耶？之五「之八」耶？且有遇貞〈屯〉▤▤悔〈豫〉▤▤皆八者，不知遇卦、之卦？何謂皆八？何謂皆不變？吾不解也。若此者，闕之可也。〔註176〕

毛奇齡以遇〈艮〉▤▤之八即遇〈艮〉▤▤之〈隨〉▤▤，第二爻不動爲喻，對照韋昭所稱：「得〈泰〉▤▤之八與貞〈屯〉▤▤悔〈豫〉▤▤皆八義同」〔註177〕之說，且引伸「遇〈泰〉▤▤之八即遇〈泰〉▤▤之〈豫〉▤▤」，六五、上六皆不變爲例，據此提出質疑「此〈泰〉▤▤之八爲上六『之八』抑或六五『之八』」？更質問貞〈屯〉▤▤悔〈豫〉▤▤皆八，其遇卦（即本卦）爲何？之卦爲何？又何謂皆八？何謂皆不變？

毛氏自承，種種疑問，因不曉如何訓解，故而所提相關之疑又自云「闕之可也」。毛奇齡於此之坦蕩直爽，實不失「知之爲知之，不知爲不知，是知也」〔註178〕之學者風範，是以可稱「未置可否，無以定論」者之翹楚。惟晚近學者尙秉和（1870～1950）亦不遑多讓，其謂：

又按〈泰〉▤▤之八，韋注不甚明了。〔宋〕程迥云：「九變六、六變九，非也。九當變八、六當變七，何以言之？董因，爲晉文公筮得〈泰〉▤▤之八，謂初、二、三以九變八；四、五、上不變爲八，故曰：『〈泰〉▤▤之八』。」如程氏之說，則初、二、三變矣。然史何不曰：「〈泰〉▤▤之〈坤〉▤▤」而曰：「〈泰〉▤▤之八」？則未變可知也。且如程說，施之於〈艮〉▤▤之八、貞〈屯〉▤▤悔〈豫〉▤▤

---

〔註176〕〔清〕毛奇齡撰：《易小帖》，收入景印《文淵閣四庫全書·經部35·易類》（臺北：臺灣商務印書館，1985年），第41冊，卷4，頁590。

〔註177〕參閱〔周〕左丘明撰，〔吳〕韋昭注：〈晉語四〉，《國語》（臺北：臺灣中華書局，1966年據士禮居黃氏重雕本校刊），卷第10，頁11。

〔註178〕參閱〔清〕劉寶楠著：〈爲政第二〉，《論語正義》，見王雲五主編：《萬有文庫薈要》（臺北：臺灣商務印書館，1965年），卷2，頁42。

皆八，則不通也，闕疑可也。〔註179〕

尚氏又云：

> 韋注亦自相牴牾也，不可信也。韋注於〈泰〉䷊之八云「〈泰〉䷊
> 無動爻，筮爲侯，〈泰〉䷊三至五震☳，爲侯，陰爻不動，其數
> 皆八。」夫〈泰〉䷊既不動，則內卦三陽爻皆七也。數爻當自初起，
> 史何不曰〈泰〉䷊之七？而必曰〈泰〉䷊之八乎？是亦不協也。
>
> 〔註180〕

尚秉和一言「未變可知也」，一語「是亦不協也」，前後互不相比，故歸其爲「不置可否，無以定論」之類。當今學者劉大鈞先生猶然一般，其謂：

> 同時，由《左傳》、《國語》的筮例看，在春秋時代，凡稱「八」者，
> 都是數爻變之卦。〔註181〕

且云：「關于『八』字之解，闕疑可也。」〔註182〕又謂：「下面筮例不見得是五爻變……『得〈泰〉之八』一句，古人之注皆不通。」〔註183〕更言：

> 凡无變爻之卦，都稱做「其卦遇×」。反之，凡稱「八」之卦，都有
> 變爻……根據《左傳》、《國語》中以《周易》占事的通例，此卦應
> 稱做「〈泰〉䷊之〈坤〉䷁」才對，又何以稱「〈泰〉䷊之八」
> 呢？〔註184〕

劉氏又稱：「總之，關于這個問題，實有重新探討的必要。」〔註185〕綜觀劉氏前後諸般之語，其雖贊同凡「之八」筮例，皆有動爻存在且否定「無動爻」之說，更且推翻程迥「三爻變」之論，然又無能肯定，〈泰〉䷊之八者，究屬幾爻變筮例，是以終歸「不置可否，無以定論」者。

---

〔註179〕參閱尚秉和撰：〈靜爻〉，《周易古筮攷》（北京：中國書店，1995年），卷2，葉1～2。

〔註180〕尚秉和撰：〈論八〉，《周易古筮攷》（北京：中國書店，1995年），卷九，葉13。

〔註181〕參閱：劉大鈞先生著：〈《左傳》《國語》筮例〉，《周易概論》（濟南：齊魯書社，1988年），頁125。

〔註182〕同上註，頁126。

〔註183〕同上註，頁131。

〔註184〕同上註，頁132。

〔註185〕同上註，頁133。

今尚有學者余培林先生，持「『八』字乃小成震卦☳」之說，其稱：

〈屯〉卦䷂的內卦是震☳，〈豫〉卦䷏的外卦也是震☳，豈不是吻合了「皆八」的「皆」？至於，皆八的「八」，當然就是震☳。不過，這個震☳不是「別卦」，而是「經卦」。〔註186〕

余先生更言：

〈泰〉䷊之八，之卦雖沒有出現，還是可以推而得之，因爲它的「之卦」中必定有震☳。如果內卦爲震☳，則是〈泰〉䷊之〈復〉䷗；如果外卦爲震☳，則是〈泰〉䷊之〈大壯〉䷡。而以變爲〈復〉䷗之可能性較大。因爲變爲〈大壯〉䷡，只要用〈泰〉䷊六四爻辭占之即可，如變爲〈復〉䷗，則有二爻變，不知用哪個一爻辭來占？朱熹《易學啓蒙》說：「二爻變，則以上變爻辭占之。」這只是他「以例推之」，並無實據，不足爲憑。董因引〈泰〉䷊卦辭「亨，小往大來」占之，由此看來，〈泰〉䷊變爲〈復〉䷗是大有可能的。
〔註187〕

觀余先生所言，其以爲「得〈泰〉䷊之八」應爲「得〈泰〉䷊之〈復〉䷗」，故屬「二爻變」之論者。

觀之眾家持論咸有所本，皆有根據，然依所言者，反試以另兩筮例，卻又互爲排擠，無可共通，本章之後將逐一列文陳述予之討論。

## （三）《國語・周語》（607B.C. 甲寅）〔註188〕

襄公有疾，召頃公而告之曰：「必善晉。周將得晉國其行也文。」〔註

---

〔註186〕參閱余培林先生撰：〈《左傳》、《國語》「之八」舊說質疑〉，《中國學術年刊》第29期（秋季號）（2007年9月），頁7。

〔註187〕同上註，頁8。

〔註188〕按：（607B.C.）趙穿殺晉靈公，之後趙盾立晉成公，（601B.C.）趙盾去世，（600B.C.）晉成公薨。（參考「互動百科」http://www.hudong.com/wiki/晉成公）並依韋昭注曰：「成公，晉文公之庶子。成公，黑臀也。歸者，自周歸晉也。趙穿弒靈公，趙盾逆公子黑臀于周而立之。」（〔周〕左丘明撰，〔吳〕韋昭注：〈周語下〉，《國語》（臺北：臺灣中華書局，1966年據士禮居黃氏重雕本校刊），卷第3，葉4。）是以此筮當能推定其時間爲607B.C. 甲寅年。

〔註189〕韋昭注曰：「談，晉襄公之孫，惠伯談也；周者，談之子，晉悼公之名也。晉

189）……成公之歸也。吾聞晉之筮之也。遇〈乾〉☰☰之〈否〉☰☷。
曰：「配而不終，君三出焉。」一既往矣，後之不知其次必此……。
〔註190〕

本筮例乃內、外《傳》中唯一記載詳細之三爻變筮例，本卦爲〈乾〉☰☰、之
卦爲〈否〉☰☷，其遣詞用語同然於《左傳》一爻變筮例——「遇某卦之某卦」，
是以眾方家學者咸視爲三爻變筮例且無有異議。若此，猶更凸顯前筮「得貞
〈屯〉☷☳悔〈豫〉☳☷皆八」與其二者之差異。此由韋昭之注解可尋出端倪：

乾☰下乾☰上，〈乾〉☰☰也；坤☷下乾☰上，〈否〉☰☷也。〈乾〉
☰☰初九、九二、九三變而之〈否〉☰☷也。〈乾〉☰☰，天也、君也，
故曰「配」；配先君也。「不終」，子孫不終，爲君也。〈乾〉☰☰下變
而爲坤☷；坤☷，地也、臣也。天地不交曰〈否〉☰☷，變有臣
象。三爻故三世，而終上有乾☰，乾☰，天子也。五體不變，周
天子，國也。三爻有三變，故君三出於周也。〔註191〕

韋昭注解本筮例，不若「得貞〈屯〉☷☳悔〈豫〉☳☷皆八」之扭捏，而直云「〈乾〉
☰☰初九、九二、九三，三爻之變而成〈否〉卦☰☷」，此於前述卦注之中從所
未見。〔註192〕由此筮之注，了然韋昭乃依《京房易》八宮卦之說以解。

　　〈否〉卦☰☷乃〈乾〉☰☰宮三世卦，是以謂之「三爻故三世」，終上至外
卦乾☰，相應于上九宗廟，〔註193〕亦乃國者之意，況下卦變爲坤☷，乃臣

自獻公用驪姬之讒詛，不畜羣公子，故周適周、事單襄公。」（同上註，卷第
3，頁 2。）比較毛奇齡之說：「晉孫談者，晉襄公之子，惠伯談也；周者，
談之子，晉悼公之名；頃公者，單襄公之子。悼公在周，襄公服其爲人，知
其必有晉國，故囑子與晉善。」（參閱：〔清〕毛奇齡撰：〈春秋外傳〉，《春秋
占筮書》（臺北：廣文書局，1974 年），卷3，頁 61。）按：晉襄公乃晉成公
之庶兄，晉靈公之父也。此謂「襄公有疾」之「襄公」者，乃單襄公也。是
以晉襄公乃晉悼公曾祖，則惠伯談乃晉襄公之孫無誤。毛氏引韋注謂：「晉孫
談者，晉襄公之『子』當係筆誤，今更正爲晉襄公之「孫」。

〔註190〕〔周〕左丘明撰，〔吳〕韋昭注：〈周語下〉，《國語》（臺北：臺灣中華書局，
1966 年據士禮居黃氏重雕本校刊），卷第3，葉3、4。

〔註191〕同上註，葉4。

〔註192〕按：韋昭注解「得貞〈屯〉☷☳悔〈豫〉☳☷皆八」前後均無某卦（〈屯〉☷☳）
爻變而成某卦（〈豫〉☳☷）之語句，而乃〈屯〉☷☳、〈豫〉☳☷兩卦分開各自
注解，此與「遇〈乾〉☰☰之〈否〉☰☷」說，極不協意。

〔註193〕按：「《易》云〈否〉☰☷之匪人與坤☷☷爲飛伏，三公居世，上九宗廟爲應。」

（諸侯）之象，且〈否〉卦☷☰六二上應九五，臣、君中正相合相應，故韋注云「周天子、國也」；且此結果乃三爻之變，顯示三爻動而三出於周，後始回晉繼承諸侯大位，故謂之「君三出於周也。」

此筮例，堪稱內、外《傳》中唯一且無爭議之三爻變筮例，與「貞〈屯〉☵☳悔〈豫〉☳☷皆八」顯然不同。更且尚能藉此筮以駁〔清〕錢大昕（1728～1804）所謂：「之卦則以兩爻交易而得一卦」之說法。〔註194〕

## 第六節　引述人物事理與筮法無關之卦例

《春秋》內、外《傳》僅喻人情事物，與筮法論占無關之卦例，計有六則，皆載於《左傳》之中，於下依其年代遠近，逐一臚列簡述。

### （一）《左傳‧宣公六年》（603B.C. 戊午）

鄭公子曼滿與王子伯廖語，欲爲卿。伯廖告人曰：「無德而貪，其在《周易》〈豐〉☳☲之〈離〉☲☲。」〔註195〕

杜預於此注曰：

〈豐〉☳☲上六變而爲純〈離〉☲☲也。《周易》論變，故雖不筮，必以變言其義。〈豐〉☳☲上六曰：「豐其屋，蔀其家，闚其戶，闃其無人，三歲不覿，凶。」義取無德而大，其屋不過三歲必滅亡。

〔註196〕

杜預言雖非筮例，然藉《周易》之變，以其「變爻」之爻辭引喻象徵人事之義理，此乃依〈豐〉卦☳☲變爲〈離〉卦☲☲之變爻上六爻辭，以誨「無德而

（參閱〔西漢〕京房撰：《京氏易傳》，收入景印《文淵閣四庫全書‧子部114‧術數類》（臺北：臺灣商務印書館，1985年），第808冊，卷上，頁442。）

〔註194〕錢大昕曰：「虞仲翔說《易》，專取旁通與之卦。旁通者，〈乾〉☰與〈坤〉☷；〈坎〉☵與〈離〉☲；〈艮〉☶與〈兌〉☱；〈震〉☳與〈巽〉☴，交相變也。之卦，則以兩爻交易而得一卦。」（參閱〔清〕錢大昕著：〈荅問一‧易〉，《潛研堂文集》，見王雲五主編：《國學基本叢書》（臺北：臺灣商務印書館，1968年），卷4，頁53。）

〔註195〕參閱十三經注疏本《春秋左傳正義》（北京：北京大學出版社，2000年），卷第22，頁706。

〔註196〕同上註。

貪，終必滅亡」之義。

## （二）《左傳・宣公十二年》（597B.C. 甲子）

知莊子曰：「此師殆哉！《周易》有之，在〈師〉䷆之〈臨〉䷒。
曰：『師出以律，否臧，凶。』逆爲否，眾散爲弱，川壅爲澤，有律
以如己也。故曰律。否臧，且律竭也，盈而以竭，天且不整，所以
凶也。有帥而不從，臨孰甚焉？此之謂矣。果遇，必敗，彘子尸之。
雖免而歸，必有大咎。」〔註197〕

孔穎達疏解稱之：

莊子見彘子逆命，必當有禍，乃論其事云：「此師之行，甚危殆哉！」
《周易》之書，而有此事。〈師〉䷆之初六變而爲〈臨〉䷒。初六
爻辭云，軍師之出，當須以法。若不善，則致其凶。〔註198〕

本則，乃知莊子藉〈師〉卦䷆變〈臨〉卦䷒之變爻初六爻辭「師出以律，
否臧凶。」〔註199〕以戒彘子逆命，必當有禍之喻例。

## （三）《左傳・襄公二十八年》（545B.C. 丙辰）

子大叔歸，復命，告子展曰：「楚子將死矣！不脩其政德，而貪昧於
諸侯，以逞其願，欲久，得乎？《周易》有之，在〈復〉䷗之〈頤〉
䷚。曰：『迷復，凶。』其楚子之謂乎？欲復其願，而棄其本，復
歸無所，是謂迷復。能無凶乎？君其往也！送葬而歸，以快楚心。
楚不幾十年，未能恤諸侯也。吾乃休吾民矣。」〔註200〕

杜預稱：「〈復〉䷗上六爻辭也。復，反也。極陰反陽之卦，上處極位，迷而
復反，失道已遠，遠而無應，故凶。」〔註201〕本則藉〈復〉卦䷗變爲〈頤〉

---

〔註197〕參閱十三經注疏本《春秋左傳正義》（北京：北京大學出版社，2000 年），卷
　　　第 23，頁 736～739。
〔註198〕同上註，頁 736。
〔註199〕十三經注疏本《周易正義》（北京：北京大學出版社，2000 年），卷第 2，頁
　　　61。
〔註200〕同註 197，卷第 38，頁 1235～1236。
〔註201〕同上註，頁 1235。

卦☳☶之變爻上六爻辭：「迷復，凶，有災眚。用行師，終有大敗。以其國君凶，至于十年不克征。」〔註202〕以喻楚國國君不修政德，貪昧諸侯所奉之財利，失道已遠，終將自食惡果之情事。

## （四）《左傳‧昭公元年》（541B.C. 庚申）

趙孟曰：「何謂蠱？」對曰：「淫溺惑亂之所生也。於文，皿蟲爲蠱，穀之飛亦爲蠱；在《周易》女惑男，風落山，謂之〈蠱〉☶☴。皆同物也。」〔註203〕

杜預言：

此論晉侯將蠱疾，故言淫溺惑亂之所生耳。人自有無故失志，志性恍惚，不自知者，其疾名爲蠱。蠱非盡由淫也。以毒藥藥人，令人不自知者，今律謂之蠱毒。〔註204〕

本則藉〈蠱〉卦☶☴上卦艮☶少男，爲陽之象、下卦巽☴長女，爲陰之象，以喻陰惑陽沈溺淫亂情事，致心神恍惚渾然不知，猶如染患蠱疾尚且不知之義。

## （五）《左傳‧昭公二十九年》（513B.C. 戊子）

秋，龍見于絳郊。魏獻子問於蔡墨曰：「吾聞之，蟲莫知於龍，以其不生得也，謂之知，信乎？」對曰：「人實不知，非龍實知。古者畜龍，故國有豢龍氏，有御龍氏。」……對曰：「夫物，物有其官，官脩其方，朝夕思之。……不然，《周易》有之，在〈乾〉☰之〈姤〉☴，曰：『潛龍勿用』；其〈同人〉☲曰：『見龍在田』；其〈大有〉☲曰：『飛龍在天』；其〈夬〉☱曰：『亢龍有悔』；其〈坤〉☷曰：『見群龍無首，吉』；〈坤〉☷之〈剝〉☶曰：『龍戰於野。』若不朝夕見，誰能物之？」〔註205〕

〔註202〕十三經注疏本《周易正義》（北京：北京大學出版社，2000年），卷第3，頁135。
〔註203〕十三經注疏本《春秋左傳正義》（北京：北京大學出版社，2000年），卷第41，頁1343～1344。
〔註204〕同上註，卷第41，頁1344。
〔註205〕同上註，卷第53，頁1729～1737。

孔穎達稱：

> 蔡墨此言取《易》有龍字而已，無取於《易》之義理，故杜注唯指
> 其辭之所在，不解其辭之意。其說《易》者，自具於此，不復煩言
> 也。〔註206〕

本則乃蔡墨藉《周易》之中述及「龍」字者，以論古有此物存在一事，非以
《易》理稱事，是以本則僅言及「物」非以喻理，且與筮法無所相關。

### （六）《左傳・昭公三十二年》（510B.C. 辛卯）

> 三后之姓於今爲庶，主所知也。在《易》卦，雷☳乘乾☰曰〈大
> 壯〉☳。天之道也。〔註207〕

孔穎達言：

> 《說卦》：「乾☰爲天，爲君。」君之極尊者是天子也。「震☳，
> 爲長子」，其卦云：「震驚百里。」聲達百里之內，而有震曜之威，
> 是諸侯。而在天子之上，象如君臣易位，是天之道也。〔註208〕

本則藉〈大壯〉卦上卦震☳、下卦乾☰象，以喻朝代興衰更迭，君臣易位，
有德者居之之含義。

　　上列六則，均言人情義理或事物之引申，咸不具任何相關筮法之卦例，
於此一併簡略陳述，與之《左傳》、《國語》實際筮例有所區別。


# 第七節　小　結

　　內、外《傳》實際與筮法相關屬「無爻變」之筮例，咸於《左傳》之中，
計有三則：一、《左傳・僖公十五年》「其卦遇〈蠱〉☶曰：千乘三去，三去
之餘，獲其雄狐。」杜預稱此論占爲：「卜筮書雜辭」。此筮例之重點，明確
指出，「貞，風也」乃指〈蠱〉☶之下卦巽☴；「其悔，山也」即指〈蠱〉☶

---

〔註206〕十三經注疏本《春秋左傳正義》（北京：北京大學出版社，2000 年），卷第53，
　　　　頁 1736。
〔註207〕同上註，頁 1759。
〔註208〕同上註，頁 1759～1760。

之上卦艮☶，於春秋時期顯然已示「貞」、「悔」二字，確屬「內」、「外」卦之義。且『「內卦」表己身，「外卦」指他人』之筮法運用，亦出此例。二、《左傳・成公十六年》「其卦遇〈復〉☷☳曰：『南國蹙，射其元王，中厥目。』」杜預言此，乃「卜辭非筮辭」，惟孔穎達強調其爲實筮，且謂：「卜筮通言耳。此既不用《周易》，而別爲之辭，蓋卜筮之書，更有此類，筮者據而言耳。」若然，綜合二者之言，愚以爲此例猶如僖公十五年，所用論占之辭，可謂之：「蓋卜筮書之雜辭也。」三、《左傳・昭公七年》「立元之筮，得〈屯〉☵☳」無變爻，因名與卦辭同，故逕以卦辭占之，毛奇齡謂此「亦一法也。」內《傳》所列無爻變筮例，雖僅三則，惟論占之法各有不類，猶如毛氏所言：「得宜之解，端視所適」一般。

　　「一爻變」筮例，則全然載於《左傳》之中，計有十例，比較各筮論占之法如下：一、《左傳・莊公二十二年》「遇〈觀〉☴☷之〈否〉☰☷」，此筮占，以「卦變」、「互體」之說以論。二、《左傳・閔公元年》「遇〈屯〉☵☳之〈比〉☵☷」，此筮例不以〈屯〉卦☵☳初九爻辭論占，乃反以「本」、「之」二卦配以二卦下體之義，相互參照以問。三、《左傳・閔公二年》「遇〈大有〉☲☰之〈乾〉☰☰」，本筮例，六五爻變。觀其占斷不以〈大有〉☲☰六五爻辭以論，反以卦意推演其辭，論占之法，不同於各一爻變筮例，故本筮可視爲推演「卦意」以爲問占之例。四、《左傳・僖公十五年》「遇〈歸妹〉☳☱之〈睽〉☲☱」，以〈歸妹〉☳☱上六爻辭倒裝之句：「士刲羊，亦無衁也。女承筐，亦無貺也。」參以衍生非《周易》之筮辭論占。《正義》有言：「《春秋》筮事既多，此占最少其象。」五、《左傳・僖公二十五年》「遇大有☲☰之睽☲☱」，此筮例不單僅以變爻九三之辭：「公用亨於天子」占之，更以本卦、之卦二卦卦義同論。六、《左傳・襄公二十五年》「遇〈困〉☱☵之〈大過〉☱☴」，陳文子以卦象及〈困〉卦☱☵六三爻辭謂其「不吉」。七、《左傳・昭公五年》「遇〈明夷〉☷☲之〈謙〉☷☶」，本筮例以〈明夷〉☷☲初九爻辭并兩卦卦象及二者小成內卦離☲、艮☶之義論占。八、《左傳・昭公七年》「遇〈屯〉☵☳之〈比〉☵☷」，此爲立摯之筮，以初九爻辭占之。九、《左傳・昭公十二年》「遇〈坤〉☷☷之〈比〉☵☷」，本筮例乃本卦六五爻變之例，以本卦變爻爻辭：「黃裳元吉」，配以變卦〈比〉

卦☷內、外小成坤☷、坎☵卦義以論之。十、《左傳‧哀公九年》「遇〈泰〉☷之〈需〉☵。」本筮例，純以變爻爻辭之義論占，同於〈昭公七年〉遇〈屯〉☵之〈比〉☷，以〈屯〉卦☷變爻初九論占。

統觀《左傳》一爻變筮例，以「本卦變爻」論占者，僅祇二例，餘皆以各式不同之法爲之，此顯然得證孔穎達舉「閔公元年、僖公十五年、昭公五年」等筮例，不僅能否定劉炫之言，更且一舉推翻所謂：「一爻變者，僅以本卦變爻爻辭爲占」之論說。是以《易》之言「變」者，當如王弼（226～249）之云：「隨之所施，唯在于時，時異而不隨，否之道也。」〔註209〕此猶《易》之所謂：「隨時之義大矣哉！」〔註210〕之精神所在。

然由《左傳》一爻變筮例反觀對照內、外《傳》三「八」筮例，赫然發現以《周易》筮法論占者，皆爲「遇某卦之某卦」，縱然《國語‧周語》「遇〈乾〉☰之〈否〉☷」三爻變筮例，咸爲一般，然「之八」、「皆八」者，其問占雖以《周易》爲之，惟成卦之初，確然相異於內、外《傳》《周易》筮法，是以昉古迄今，眾家學者莫不絞盡心思，求解三「八」筮例之真相，惟曠日費時，成效猶然不彰，迄今依然眾說紛云，莫衷一是。愚自忖所學極其有限，與古今學者相比，猶如滄海一粟，不值一哂。然爲秉持「求真」、「求實」之爲學使命，特於之後章節，逐條臚列分析眾家所言，祈以得解三「八」筮例之「八」字真正共通之涵意及其筮法之真諦。

---

〔註209〕參閱十三經注疏本《周易正義》（北京：北京大學出版社，2000 年），卷第 3，頁 104。
〔註210〕同上註。

# 第三章　歷代諸家筮法「之八」、「皆八」之說

　　凡古籍經典，攸關筮法之「八」筮例者，僅於《左傳》、《國語》存有三例。《左傳》一例：襄公九年「遇〈艮〉☶☶之八，是謂遇〈艮〉☶☶之〈隨〉☱☳」；《國語》二例：「得貞〈屯〉☵☳悔〈豫〉☳☷皆八」；「得〈泰〉☷☰之八」。惟三者之論，自古眾說紛云，莫衷一是，昉東漢歷東吳、西晉以迄於今，依然錯綜複雜，源殊派異，無所適從。本章即就歷代諸家所言及當今學者相關之論，予以比對辯證，更且不揣淺陋，以管窺豹，逐一提出自以為諸家矛盾之所在，且就教方家，期盼得能獲致重新之思維。

## 第一節　韋昭之說

　　今存文獻最早對於「之八」筮例有所解釋者，莫過於〔東漢〕賈逵（30～101）注《左傳‧襄公九年》「遇〈艮〉☶☶之八」所言：「先代之《易》」〔註1〕及謂：「二《易》皆以七、八為占。故此筮遇八，謂〈艮〉☶☶之第二爻不變者，是八也。」〔註2〕〔東漢〕服虔（？）承其說曰：「爻在初六、九三、

---

〔註1〕　程南洲先生言賈逵謂：「先代之易。又曰：《連山》、《歸藏》二《易》皆以七、八為占，故言遇〈艮〉☶☶之八。」且程氏所云杜注之說亦採《春秋左傳正義》之紀與王謨所輯賈逵之說同。（參閱程南洲著：《春秋左傳賈逵注與杜預注之比較研究》（臺北：文津出版社，1982年），頁62，63。）
〔註2〕　王謨（1731～1817）謂：「《正義》云言『亦無所據，賈逵先儒相傳云。』」故

六四、六五、上九惟六二不變，《連山》、《歸藏》之占，以不變者爲占。」〔註3〕〔西晉〕杜預（222～284）兼采兩家而云：「艮☶下艮☶上。《周禮》大卜掌三《易》，然則雜用《連山》、《歸藏》、《周易》，二《易》皆以七、八爲占，故言遇〈艮〉☶之八。」〔註4〕然賈、服之論，因《五經正義》之問世，致亡佚殆盡，〔註5〕攸關「之八」筮例之說者猶僅此傳世。

惟「得貞〈屯〉☳悔〈豫〉☳皆八」筮例，現存最早之注說，猶祇賈逵片語：「尙有晉國，『尙』，且也。內有震☳雷，故利貞；震☳以動之，利也；侯以正國，貞也。利義之和也；貞事之幹也。」〔註6〕然觀此言，雖能稍了其

---

輯賈逵之說爲：「艮☶下艮☶上，《周禮》大卜掌三《易》，然則雜用《連山》、《歸藏》、《周易》，二《易》皆以七、八爲占，故言遇《艮》☶之八。」（參閱〔東漢〕賈逵撰：《春秋左傳解詁》，收入〔清〕王謨輯《漢魏遺書鈔》（板橋：藝文印書館，1971 年），第 4 冊，葉 17。）此句與《春秋左傳正義》杜預注言相蒙，或與杜預因襲有關。程南洲先生曾言：「杜注有此成就，除自有其獨特創見外，可能亦有所因襲，而其所因襲者，《春秋經傳集解》皆未注明。」（參閱程南洲著：《春秋左傳賈逵注與杜預注之比較研究》（臺北：文津出版社，1982 年），頁 4。）按：愚觀《春秋左傳正義》原文並審省孔穎達「賈、鄭先儒相傳云耳」之語，思酌程南洲之言，再對比服虔之說，頗覺《正義》文中此句，較符賈逵之說，與服虔有先、後連貫之妙且與杜預注語有所區隔。（參閱十三經注疏本《春秋左傳正義》（北京：北京大學出版社，2000 年），卷 30，頁 997。）

〔註3〕 參閱〔清〕惠棟撰：《春秋左傳補註》，收入景印《文淵閣四庫全書‧經部 175‧春秋類》（臺北：臺灣商務印書館，1983 年），第 181 冊，卷 3，頁 168。

〔註4〕 參閱十三經注疏本《春秋左傳正義》（北京：北京大學出版社，2000 年），卷 30，頁 997。

〔註5〕 〔清〕王謨云：「自〔唐〕孔穎達《春秋正義》一用杜氏，非徒劉、賈之說不存，服義亦不盡見。」（參閱〔東漢〕服虔注：〈序錄〉，《左氏傳解誼》，收入〔清〕王謨輯《漢魏遺書鈔》（板橋：藝文印書館，1971 年），第 4 冊，葉 2。）程南洲先生亦言：「蓋自唐定《五經正義》，孔穎達作疏，專用杜注，而漢注遂亡。」（參閱程南洲著：《春秋左傳賈逵注與杜預注之比較研究》（臺北：文津出版社，1982 年），頁 4。）何晉先生猶謂：「隨著隋唐在政治上的統一，經學在唐代被定於一尊，《左傳》賈、服注與杜注的對立，隨著南北學的統一而消失。在政府認可頒佈的《五經正義》中，杜預《左傳》注得到了正統的獨尊地位，而賈、服注則被冷落以致亡佚。」（參閱何晉著：〈《左傳》賈、服注與杜注比較研究〉，見袁行霈主編：《國學研究》（北京：北京大學出版社，1997 年），第 4 卷，頁 65。）

〔註6〕 參閱〔東漢〕賈逵撰：《國語註》，收入〔清〕王謨輯《漢魏遺書鈔》（板橋：藝文印書館，1971 年），第 5 冊，葉 13。

意，惟殘篇斷句，誠難悉窺全貌，是以歷來莫能明其所由。迄〔東吳〕韋昭（204～273）之說出現，昉俾人曉然其義，惟卻因韋氏注說之「簡潔」〔註7〕，致衍生歷代諸家甚多議論，然歷載曠日，未嘗有令人信服且允當之見解成立。

　　韋昭《國語解》堪稱爲現存最完整且最早之版本，文中仍保有〔東漢〕鄭眾（？～83）、賈逵、〔東吳〕虞翻（164～233）、唐固（？）及周氏等諸家注釋之片斷，〔註8〕並留有漢魏異說 31 處，〔註9〕極具有文獻價值。然其注解《國語·晉語》：「得貞〈屯〉䷂悔〈豫〉䷏皆八」；「得〈泰〉䷊之八」之說法，尚存有矛盾之處，致使歷代學者持正反意見者，亦所在多有。韋昭〈屯〉䷂、〈豫〉䷏之例說法如下：

> 內曰貞，外曰悔，震☳下坎☵上，〈屯〉䷂；坤☷下震☳上，〈豫〉䷏。得此兩卦，震☳在〈屯〉䷂爲貞，在〈豫〉䷏爲悔，「八」謂震☳兩陰爻，在貞在悔皆不動，故曰「皆八」，謂爻無爲也。〔註10〕

韋昭所持「貞」、「悔」之論與孔安國（？）：「筮卦有二重，二體乃成一卦。曰貞，謂內卦也；曰悔，謂外卦也」〔註11〕說法相同。其謂〈屯〉䷂內卦、

---

〔註7〕　俞志慧先生曾引韋昭《國語解序》之言以證韋氏注說之「簡潔」，俞氏曰：「但與東漢經學相比，韋昭的《國語注》明顯地呈現出自己的特色，既沒有今文經學的虛誕，也沒有古文經學的繁瑣，而是呈現出簡潔明快的特點，這一點與韋昭對該書的定位有關，他說：『今諸家並行，是非相貿，雖聰明疏達識機之士，知所去就，然淺聞初學者，猶或未能祛過。』使淺聞初識者也能傳習《國語》，這是韋昭《國語解》的一個目的，因此之故，無論是其中詞語的訓詁、事實的補充，還是典章制度的說明，韋昭《國語解》都顯得非常簡潔。」（參閱俞志慧先生：〈《國語》韋昭注辨正〉，《紹興文理學院學報》第 29 卷第 3 期（2009 年 5 月），頁 67。）按：韋昭《國語解序》原文：「今諸家並行，是非相貿，雖聰明疏達識機之士，知所去就，然淺聞初學，猶或未能祛過，切不自料，復爲之解。」（參閱〔周〕左丘明撰，〔三國·吳〕韋昭注：〈國語解序〉，《國語》（臺北：臺灣中華書局，1966 年據士禮居黃氏重雕本校刊），葉 1。）

〔註8〕　參閱俞志慧先生著：《《國語·晉語八》韋昭注辨正》，《古籍整理研究學刊》第 2 期（2008 年 3 月），頁 58。

〔註9〕　同上註。

〔註10〕　參閱〔周〕左丘明撰，〔三國·吳〕韋昭注：〈晉語四〉，《國語》（臺北：臺灣中華書局，1966 年據士禮居黃氏重雕本校刊），卷第 10，葉 10。

〔註11〕　參閱十三經注疏本〈洪範第六〉，《尚書正義》（北京：北京大學出版社，2000

〈豫〉䷏外卦，均爲小成震卦☳，且其二陰爻皆不動，屬周《易》筮法策數少陰「八」不動無爲之數，故有「皆八」之說。

然依現存周《易》筮法而言，筮得本卦〈屯〉䷂，其動爻須爲初九、六四、九五爻者，方成變卦〈豫〉䷏，如此，本卦〈屯〉䷂之內卦與變卦〈豫〉䷏之外卦，始咸能成爲小成震卦☳。是以，韋昭雖无明言，惟確然已將本例依周《易》筮法，視爲三爻變筮例。

細觀其論，雖可分爲「八謂震☳，兩陰爻在貞在悔皆不動」或「八謂震☳兩陰爻，在貞在悔皆不動」兩種句讀法，然意欲表達之結果則屬相垺，以下略作比較、分析。

### （一）「八謂震☳，兩陰爻在貞在悔皆不動」之說：

此說法係將「八」數視爲震☳卦之數。《說卦傳》曰：「萬物出乎震☳，震☳，東方也。」〔註12〕孔穎達疏解爲：

> 「萬物出乎震☳，震☳，東方」者，解上帝出乎震☳，以震☳是東方之卦，斗柄指東爲春，春時萬物出生也。〔註13〕

句中很清楚說明震卦☳，於八卦方位象徵東方之意義。東方之數「八」且據《呂氏春秋》：「孟春之月，日在營室，昏參中旦尾中，其日甲乙，……，律中太蔟，其數『八』」〔註14〕所言而來。

是以震卦☳代表東方，東方之數爲「八」，則「八謂震☳」之義明矣。且〈屯〉䷂內卦（貞）、〈豫〉䷏外卦（悔）咸皆小成震卦☳，是以震卦☳兩陰爻，亦皆處於〈屯〉䷂貞、〈豫〉䷏悔之處，惟「皆不動」之說，則與另一句讀之解，一併於下說明。

### （二）「八謂震☳兩陰爻，在貞在悔皆不動」之說：

年），卷第 12，頁 373。按：「貞」、「悔」之說，將於本文第四章討論，此先不贅。

〔註12〕十三經注疏本〈說卦〉，《周易正義》（北京：北京大學出版社，2000 年），卷第 9，頁 385。

〔註13〕同上註，頁 385。

〔註14〕詳參〔秦〕呂不韋撰，〔東漢〕高誘注：〈孟春紀〉，《呂氏春秋》（臺北：臺灣中華書局，1966 年據畢氏靈巖山館校本校刊），卷第 1，葉 1。

首先，本卦〈屯〉䷂，其內卦震☳之兩陰爻，筮得之策數，須為周《易》筮法「八」不變爻，如此變卦〈豫〉䷏之六二、六三爻亦能維持不變。再者，本卦〈屯〉䷂九五爻，須為周《易》筮法老陽策數「九」，故九五爻由陽轉陰成變卦〈豫〉䷏之六五，因變卦已成，此時變卦之六五爻，韋昭視其為周《易》筮法策數「八」〔註15〕，屬不變無為之陰爻，同時本卦〈屯〉䷂上六與變卦〈豫〉䷏上六，咸為策數「八」，仍屬不動無為之陰爻，如此本卦〈屯〉䷂之內卦震☳、變卦〈豫〉䷏之外卦震☳，彼此二陰爻，則皆屬不動無為之陰爻，策數均為「八」，「八謂震☳兩陰爻，在貞在悔皆不動」之說，於焉成立。惟劉人鈞先生對此曾提一問：

> 另有一說，認為〈屯〉卦䷂的內卦為震☳，〈豫〉卦䷏的外卦也是震☳，在由〈屯〉卦䷂變〈豫〉卦䷏時，只有震卦☳的兩個陰爻，即六二爻與六三爻不變，仍為「八」，故稱「皆八」。然而問題是：〈屯〉卦䷂的上六爻，其筮數也是八而未變，若按此解，何以獨指六二、六三兩爻，而不及上六爻呢？〔註16〕

就愚所見，劉氏對韋昭注解之句讀，看法似有不甚了然之處，恐其已忽略「貞」、「悔」二字存在之義，是以提問僅及〈屯〉卦䷂，而未顧及〈豫〉卦䷏部份，以致所見問題僅及其半，未能掌握事實之全部，故而有所疏漏。然「兩陰爻皆不動」之說，尚有學者持不同之看法。其謂：

> 〈屯〉卦䷂的陰爻有四根，分別是二、三、四、上；〈豫〉卦䷏的陰爻有五根，分別是初、二、三、五、上，為了符合「皆八」，這九爻都不能變，但〈屯〉卦䷂的第四爻已經變成〈豫〉卦䷏的陽爻，

---

〔註15〕按：《周易》筮法策數「九」變為「八」；「六」變為「七」之說，韋昭雖未明言，然依韋昭注解「得貞〈屯〉䷂悔〈豫〉䷏皆八」所言，加以分析判斷，其意必該如此。然歷代均未有人發覺提及，直至〔南宋〕程迥（？）方才提出：「或曰『九』變『六』，『六』變『九』非也。『九』當變『八』，『六』當變『七』」之論。猶程氏之說，恐受韋昭影響，抑說不定。（詳參〔南宋〕程迥撰：〈占說第八〉，《周易古占法》，收入嚴靈峯編輯：《無求備齋易經集成》（臺北：成文出版社，1976 年據明嘉靖間天一閣刊本影印），第 154 冊，卷 1，頁 18。）

〔註16〕參閱劉大鈞先生著：〈《左傳》、《國語》筮例〉，《周易概論》（濟南：齊魯書社，1988 年），頁 125。

顯見的它不是「八」；它既不是「八」，「皆八」就說不通了。〔註17〕

如此論述，僅就韋昭注解而言，〔註18〕似有誤解「貞」、「悔」二字之嫌。韋昭注「皆八」所言，非指兩卦所有之陰爻，其須與「貞」、「悔」二字相連繫，亦即「皆八」乃指「貞」、「悔」處之陰爻，且爲不變之陰爻。倘將其視爲「兩卦九陰爻」之說，愚以爲恐欠允當。

雖說，前述兩類句讀，均能表達韋昭注解「貞〈屯〉☳☵悔〈豫〉☳☷皆八」之意，然眞正韋氏之句讀義旨，尚須由另一筮例之注解，得而確立。

韋昭注解《國語・晉語》另一筮例「得〈泰〉☷☰之八」謂之：

乾☰下坤☷上，〈泰〉☷☰。遇〈泰〉☷☰無動爻、無爲侯。〈泰〉☷☰三至五，震☳，爲侯，陰爻不動，其數皆八，故得〈泰〉☷☰之八，與貞〈屯〉☳☵悔〈豫〉☳☷皆八義同。〔註19〕

若僅就韋昭注解「陰爻不動，其數皆八」語句而言，其「八」數之義，則針對小成震卦☳之「陰爻」，而非指小成震卦☳本身，如此「貞、悔」筮例之句讀當可解爲：「八謂震☳兩陰爻，在貞在悔皆不動」之說。然若將「陰爻不動，其數皆八」再與前句連貫成：「〈泰〉☷☰三至五，震☳，爲侯，陰爻不動，其數皆八」觀之，則整段語句呈現之意猶且不同，若再加上結尾之語「故得〈泰〉☷☰之八與貞〈屯〉☳☵悔〈豫〉☳☷皆八義同」，則韋昭注解眞正句讀之意，於下將昭然若揭。

韋昭前謂「遇〈泰〉☷☰無動爻、無爲侯」之句，已清楚指出，筮得〈泰〉卦☷☰本身並無動爻〔註20〕。「無爲侯」句乃與本卦上互震☳相連繫，故有

---

〔註17〕余培林先生著：〈《左傳》、《國語》「之八」舊說質疑〉，《中國學術年刊》第29期（秋季號）（2007年9月），頁7。

〔註18〕按：雖然至終將發現韋昭注解之「八」爲「震卦☳及兩陰爻」之說仍有瑕疵，然單依貞〈屯〉☳☵悔〈豫〉☳☷皆八字面而言，實無法與兩卦九陰爻一併討論，韋昭之注亦僅限於〈屯〉☳☵貞及〈豫〉☳☷悔之震卦☳二陰爻，計四陰爻而言。

〔註19〕參閱〔周〕左丘明撰，〔三國・吳〕韋昭注：〈晉語四〉，《國語》（臺北：臺灣中華書局，1966年據士禮居黃氏重雕本校刊），卷第10，葉11。

〔註20〕按：韋昭如何得知「得〈泰〉☷☰之八」爲無動爻之占，自始至終，均無交待，此亦爲千古之謎。對照「貞〈屯〉☳☵悔〈豫〉☳☷皆八」及《左傳・襄公九年》「遇〈艮〉☶☶之八」，史曰「是謂〈艮〉☶☶之〈隨〉☱☳」而言，是否因無相對「之卦」，故韋氏斷以皆無動爻？或此即爲原因，惟詳情如何，眞不可解。

「〈泰〉䷊三至五，震☳，爲侯」之下句。因本卦全無動爻，是以侯卦震☳本身三爻亦皆不動，故稱之「無爲侯」。惟韋昭下句「陰爻不動，其數皆八，故得〈泰〉䷊之八與貞〈屯〉䷂悔〈豫〉䷏皆八義同」之語，倘僅就「陰爻不動，其數皆八」而言，此於周《易》筮法爲必然，然「陽爻不動，其數皆七」且屬不爭，韋昭既已謂「遇〈泰〉䷊無動爻」，是以全卦不僅陰爻不動，連同初九至九三之陽爻亦皆不動，又何以於此僅謂「〈泰〉䷊三至五，震☳，爲侯，陰爻不動，其數皆八，故得〈泰〉䷊之八」？

倘得〈泰〉䷊之八，祇因陰爻皆不動即可，則陽爻動者，又該何如？如此又豈可謂「與貞〈屯〉䷂悔〈豫〉䷏皆八義同」乎？〈屯〉䷂初九、六四、九五皆動，因而有〈豫〉卦䷏之出現，〔註21〕今〈泰〉卦䷊咸無動爻，其二者，如何相埒？是以，由此可見，韋昭此注之「八」必與震卦☳連繫，且必包含震卦☳兩陰爻在內，如此「得〈泰〉䷊之八」，其上互震☳與〈屯〉䷂貞震☳、〈豫〉䷏悔震☳三者方能相同，若此，始可稱之「與貞〈屯〉䷂悔〈豫〉䷏皆八義同」。

上述發現，韋昭兩筮例注解「八」時，必皆與震卦☳相連屬，且震卦☳其數爲八，亦已分析確立，依周《易》筮法言不變爻者，其策數亦「八」，是以毫無疑問，此句「其數皆八」，當連同震卦☳與其兩陰爻而論。

因此「貞〈屯〉䷂悔〈豫〉䷏皆八」韋昭注解之句讀，確然應爲：「八謂震☳，兩陰爻在貞在悔皆不動。」由此可以斷言，韋昭注解之「八」眞正本義包含了震卦☳，且涵蓋其本身兩陰爻在內。然即便韋昭注解之「八」乃同指「震卦☳及其兩陰爻」之要件得以確立，惟與之分析其它「之八」筮例，猶然有其衝突矛盾所在。

《左傳・襄公九年》：「遇〈艮〉䷳之八。」史曰：「是謂〈艮〉䷳之〈隨〉䷐。」倘韋昭注解「得貞〈屯〉䷂悔〈豫〉䷏皆八」、「得〈泰〉䷊之八」兩筮例說法相互均能成立，則依二筮之法注解「遇〈艮〉䷳之八」，亦且可

然之後驗證，卻發現韋氏此說確實存有未盡周延之處。
〔註21〕按：列代諸家均視〈屯〉䷂、〈豫〉䷏二卦爲本卦、之卦，是以，先就此說法解釋，然其是否？另於本文第四章詳解。

通，方始合理。

　　浸假以周《易》筮法觀之，本卦〈艮〉卦☶除六二爻不變，餘皆爲動爻，若此，方可變爲〈隨〉卦☳，且其內卦亦始能由艮☶成爲震☳。依韋昭之說，此「八」字除代表震☳以外，尚代表其不動之二陰爻，此時，本卦〈艮〉☶六二陰爻不動，變爲之卦〈隨〉☳六二，猶然不動無爲策數「八」之爻。

　　本卦初六動爻，於筮法策數爲「六」，變爲之卦初九，筮法策數成爲「七」；本卦九三爻策數爲「九」，變爲之卦六三爻策數爲「八」，形成變卦〈隨〉☳之內卦爲震☳，其六二、六三兩陰爻咸皆無爲不動之陰爻，如此「遇〈艮〉☶之八是謂〈艮〉☶之〈隨〉☳」，其之卦〈隨〉☳（亦即之八）之情況，且如「貞〈屯〉☳悔〈豫〉☳皆八」筮例，之卦〈豫〉☳其悔卦震☳之情形一般。

　　再反觀韋昭注解「得〈泰〉☷之八」時，謂之：「遇〈泰〉☷無動爻、無爲侯。」代表筮得本卦〈泰〉☷全卦皆無動爻，且云：「〈泰〉☷三至五，震☳，爲侯，陰爻不動，其數皆八」，是以謂之「得〈泰〉☷之八」。今「遇〈艮〉☶之八」其〈艮〉卦☶三、四、五爻上互卦體亦爲震☳，此與「得〈泰〉☷之八」上互卦體震☳之情況相埒，倘依「得〈泰〉☷之八」皆無動爻模式，「遇〈艮〉☶之八」理該猶如「得〈泰〉☷之八」般，咸無動爻可言，然又何以「遇〈艮〉☶之八是謂〈艮〉☶之〈隨〉☳」，須有五爻之動，方使〈隨〉卦☳之下卦變成震☳且其二陰爻咸爲不變策數「八」？更且如此，始能符合「貞〈屯〉☳悔〈豫〉☳皆八」之模式？由此，可以想見韋昭「得〈泰〉☷之八」注解必有其不夠詳實之處，否則「與貞〈屯〉☳悔〈豫〉☳皆八義同」之說法倘能成立，復何以無法解釋「遇〈艮〉☶之八是謂〈艮〉☶之〈隨〉☳」？是以韋昭注解「之八」筮例，其「八」字爲「小成震卦☳，且包含其兩不變陰爻」之說法，不能成立。

## 第二節　劉禹錫之說

　　由於「遇〈艮〉☶之八，是謂〈艮〉☶之〈隨〉☳」筮例，有其相對「之卦」產生，因而自古至今注疏之家，幾全然以周《易》筮法五爻變筮例

解之，諸如〔唐〕畢中和（？）有言：「惟二不動，斯謂八也。今變者五而定者一，冝從少占。」〔註22〕〔唐〕劉禹錫（772～842）且從而謂之：

> 夫〈艮〉䷳之〈隨〉䷐，唯二不動，斯遇八也。餘五位皆九、六，故反焉。筮法以少爲「卦主」，變者五而定者一，故以八爲占。〔註23〕

劉禹錫以「卦主」之論，解釋〈艮〉䷳之八，且爲〈艮〉䷳之〈隨〉䷐之義。「卦主」一說，始于〔西漢〕京房（77～37B.C）。京氏論〈履〉卦䷉時謂之：「陽多陰少，宗少爲貴。得其所履，則貴；失其所履，則賤。」〔註24〕又謂〈復〉卦䷗：「六爻，盛卦之體，總稱也。月一陽，爲一卦之主與震䷲爲飛伏。」〔註25〕〔吳〕陸績（189～220）注解《京氏易傳》〈比〉卦䷇時稱：「〈比〉卦䷇，一陽五陰，少者爲貴，眾之所尊者也。」〔註26〕其後〔魏〕王弼（226～249）更加以發揮，而曰：

> 夫《彖》者，何也？統論一卦之體，明其所由之主也。夫眾不能治眾，治眾者，至寡者也；夫動不能制動，制天下之動者，貞夫一者也。故眾之所以得咸存者，主必致一也。動之所以得咸運者，原必无二也。〔註27〕

王弼言《彖》辭之意乃統論一卦卦旨之原由者。且言以眾不能治眾，治眾人之事者，乃至寡者也，此至寡者即指「一」。又云動不能制動，制理天下

---

〔註22〕參閱〔南宋〕林至撰：《易裨傳》，收入〔清〕徐乾學等輯：《通志堂經解》（臺北：大通書局，1970年），《易》第3冊，頁1452。

〔註23〕參閱〔唐〕劉禹錫撰：〈論下·辯《易》九、六論〉，《劉賓客文集》，收入景印《文淵閣四庫全書·集部16·別集類》（臺北：臺灣商務印書館，1985年），第1077冊，卷7，頁369。

〔註24〕詳參〔西漢〕京房撰，〔三國·吳〕陸績注：《京氏易傳》，收入景印《文淵閣四庫全書·子部114·術數類》（臺北：臺灣商務印書館，1985年），第808冊，卷上，頁451。

〔註25〕同上註，卷中，頁453。

〔註26〕同上註，頁455。

〔註27〕詳參〔三國·魏〕王弼著，〔唐〕邢璹註，〔明〕程榮校：〈明彖〉，《周易略例》，收入嚴靈峯編輯：《無求備齋易經集成》（臺北：成文出版社，1976年據〔明〕萬曆二十年刊《漢魏叢書》本影印），第149冊，頁5～6。

之動使其正者，猶僅「一」也。是以萬眾事物之所以咸皆存在，關鍵必在
於眾者歸附於「一」，動之所以得能運作，其原由無「二」亦僅祇「一」也。
總歸，王弼此處所欲表達之意，乃爲說明一卦之主所含象徵之意義，是以
又謂：

> 夫少者，多之所貴也；寡者，眾之所宗也。一卦五陽而一陰，則一
> 陰爲之主矣；五陰而一陽，則一陽爲之主矣。〔註28〕

王弼云「少者」乃眾多之所珍貴也；「寡者」猶多數之所宗主。舉凡一卦有
五陽一陰之爻者，該一陰爻且爲主也；相對有五陰一陽者，該陽爻猶爲該
卦之主。王弼更於〈略例下〉舉例反覆重言：「凡《彖》者，統論一卦之體
者也。《象》者，各辯一爻之義者也。故〈履〉☲卦六三爲兌☱之主，以
應於乾☰，成卦之體，在斯一爻，故《象》敘其應，雖危而亨也。」〔註
29〕復曰：「凡《彖》者，通論一卦之體者也。一卦之體，必由一爻爲主，
則指明一爻之美以統一卦之義，〈大有〉☲之類是也。」〔註 30〕今林忠軍
先生綜合諸家加以釋之且言：「卦主是指一卦六爻中的主爻，這個爻決定和
制約其它爻及整個卦的性質，是某卦之所以成爲某卦的關鍵。」〔註 31〕是
以劉禹錫：「筮法以少爲卦主，變者五而定者一，故以八爲占。」即言「〈艮〉
☶之八」筮例屬五爻變之例，不變之爻僅六二爻，其策數爲「八」，故以
「八」爲占。

劉氏以「卦主」言之「八」，乃「變者五而定者一」；倘「定者五而變者
一」時，依「卦主」之論，豈非稱其之「九」或之「六」？然此點，劉禹錫
卻另有說詞：

> 何則卦以少爲主？若定者五而變者一，即宜曰「之某卦」，〈觀〉☴

〔註28〕 詳參〔三國·魏〕王弼著，〔唐〕邢璹註，〔明〕程榮校：〈明象〉，《周易略例》，
收入嚴靈峯編輯：《無求備齋易經集成》（臺北：成文出版社，1976 年據〔明〕
萬曆二十年刊《漢魏叢書》本影印），第 149 冊，頁 8～9。

〔註29〕 同上註，頁 28。

〔註30〕 同上註，頁 29。

〔註31〕 參閱林忠軍先生著：〈京房象數《易》學下〉，《象數易學發展史》（濟南：齊
魯書社，1994 年），第 1 卷，第 4 章，頁 109。

之〈否〉䷋、〈師〉䷆之〈臨〉䷒類是也。〔註32〕

劉禹錫逢「定者五而變者一」時，則不以之「八」卦主說法，予以言之「九」或之「六」，卻反稱以「之某卦」釋之，且舉〈觀〉卦䷓六四爻變成〈否〉卦䷋，謂之「〈觀〉䷓之〈否〉䷋」；〈師〉卦䷆初六爻變而成〈臨〉卦䷒，稱之「〈師〉䷆之〈臨〉䷒」爲例。

　　然細觀劉氏之言，事實上，此乃其爲鋪陳之「八」說詞能予成立，而反以《左傳》一爻變筮例，爲其理論張本之手段。愚不禁而問，何則「卦主」一說，逢之「八」者，猶以不變爻策數論之，然遇之「九」或之「六」時，且改稱以「之某卦」？豈有「一事而二法」之理？此類情形，對比另兩筮例之注解，猶更顯昭然。

　　劉禹錫於「得〈泰〉䷊之八」筮例，仍然嘗試依「卦主」爲質，以解其義，然或知理虧不夠合情，則易以「外卦」占問「國事」爲文，卻反更顯其強辭之態。其謂：

> 按董因之言「天地配亨」，是六五帝乙歸妹，以祉元吉之爻。夫〈泰〉
> ䷊，乾☰、坤☷體全，內外位正；內爲身，外爲事，卜得國事
> 也，以外卦爲占，六五居尊位，故統論卦。下辭曰：「小往大來」，
> 爻遇歸妹，故曰「天地配亨」，何必取互體也。〔註33〕

劉氏以此筮例猶如《左傳‧僖公十五年》：秦伯伐晉，卜徒父筮之「其卦遇〈蠱〉䷑」〔註34〕占問國事一般，遂引孔穎達（574～648）之疏解：「內卦爲己身，外卦爲他人，故巽☴爲秦象，艮☶爲晉象。」〔註35〕作爲注解「得〈泰〉之八」理論之依據。更以董因言「天地配亨」意指六五爻辭：「帝乙歸妹，以祉元吉。」乃如孔穎達所云：「『以祉元吉』者，履順居中，得行志願，以獲

---

〔註32〕參閱〔唐〕劉禹錫撰：〈論下‧辯《易》九、六論〉，《劉賓客文集》，收入景印《文淵閣四庫全書‧集部16‧別集類》（臺北：臺灣商務印書館，1985年），第1077冊，卷7，頁370～371。

〔註33〕同上註，頁372。

〔註34〕參閱十三經注疏本《春秋左傳正義》（北京：北京大學出版社，2000年），卷第14，頁429。

〔註35〕同上註，頁430。按：劉禹錫以孔穎達對此事件之疏解，對照「得〈泰〉䷊之八」筮例，是以謂之：「內爲身，外爲事，卜得國事也，以外卦爲占。」

祉福，盡夫陰陽交配之道，故大吉也」〔註36〕之所謂「陰陽和合」之象，且引王弼之說：「統論一卦之體，明其所由之主」〔註37〕，以示六五爻即爲〈泰〉卦☷☰卦主之意，惟卦主居外卦之中，統論一卦之體，是以謂之：「六五居尊位，故統論卦。」

至此，劉氏訓解「得〈泰〉☷☰之八」，不依其所稱：「『卦主』言之『八』，乃『變者五而定者一』」之說，反易之：「全卦咸無變爻，今論國事以外卦爲占，且以卦主爲尊，六五居外卦之中且爲〈泰〉卦☷☰卦主策數爲『八』，故而謂之『得〈泰〉☷☰之八』」。劉禹錫遂以此，否定韋昭：「遇〈泰〉☷☰無動爻無爲侯且以『互體』震卦☳注解『得〈泰〉☷☰之八』」之說法，亦章顯其不以爲然之態度。

劉氏於此同然如前之「九」、之「六」一般，一式「卦主」兩套說法而予以分別訓解「遇〈艮〉☶☶之八」、「得〈泰〉☷☰之八」。

劉禹錫言：得〈泰〉☷☰之八其「卜得國事，以外卦爲占」，今有學者，劉大鈞先生反提出「筮卦以內卦爲主」之說，其看法如下：

> 卦中「得〈泰〉☷☰之八」一句，古人之注皆不通。韋昭注《國語》于此句，認爲是指『遇〈泰〉☷☰無動爻』。近人釋此筮例，亦從韋說。然而若〈泰〉卦☷☰確無變爻，則〈泰〉卦☷☰內卦三陽爻的筮數，應該是少陽之數「七」。外卦三陰爻應爲少陰之數「八」。按照古人占卦的慣例，「筮卦以內卦爲主」，董因爲何不說「得〈泰〉☷☰之七」，而偏說「得〈泰〉☷☰之八」呢？〔註38〕

劉先生言「得〈泰〉☷☰之八」筮例，古人之釋咸從韋昭之注，全然不通。且反詰謂：倘〈泰〉卦☷☰確無動爻，則其內卦三陽爻之策數，當爲少陽之數「七」外卦三陰爻應爲少陰之數「八」。且按古人占卦慣例，「筮卦以內卦爲主」，若

---

〔註36〕　參閱：十三經注疏本《周易正義》（北京：北京大學出版社，2000年），卷第2，頁82。

〔註37〕　〔三國・魏〕王弼著，〔唐〕邢璹註，〔明〕程榮校：〈明象〉，《周易略例》，收入嚴靈峯編輯：《無求備齋易經集成》（臺北：成文出版社，1976年據明萬曆二十年刊《漢魏叢書》本影印），第149冊，頁5。

〔註38〕　參閱劉大鈞先生著：〈《左傳》、《國語》筮例〉，《周易概論》（濟南：齊魯書社，1988年），頁131。

此，董因何以不云「得〈泰〉䷊之七」惟偏稱「得〈泰〉䷊之八」爾？

劉氏之疑甚是，其疑，本文已於上節論及。然其謂「古人占卦慣例」一語，恐非如其所言之般以「內卦」爲主，愚以爲須於此提出討論。

古人占卦，依孔穎達說法，係以「內卦」表自己或問占者本身，「外卦」指他人或所占之事。劉氏之所以謂「內卦」爲主之說，或因錯解韋昭注「貞〈屯〉䷂悔〈豫〉䷏皆八」語句，方有如是之判斷。今觀《國語》原文：

> 「震☳，雷也、車也；坎☵，勞也、水也、眾也。主雷與車，而尚水與眾。……主震☳，雷長也，故曰元。」韋昭注云：「內爲主也。」又解：「內爲主，震☳爲長男，爲雷，雷爲諸侯，故曰元，元者，善之長也。」〔註39〕

此處韋氏所指「內爲主」之意，乃指「內卦」爲主人或論占者自己而言，非指筮卦時以內卦爲主（占）之說，然劉大鈞先生連稱：「論卦以內卦爲主」、「論卦既以內卦爲主」二語，〔註40〕顯然劉氏似已誤解韋昭之注說。

劉大鈞先生以其錯悟之意，雖恰能反斥董因之說，然於駁韋昭「互體震卦☳」之論卻無任何影響，亦且無助於「得〈泰〉䷊之八」眞實本義之呈現。浸假若非錯解，倘依劉大鈞先生觀念改以外卦而論，不啻反與劉禹錫之說相牟乎？故愚以爲「得〈泰〉䷊之八」非僅單純以「皆不變爻」或「『內』、『外』卦」爲主之說即可解釋成立。

劉禹錫所謂〈泰〉卦䷊六五爻乃「卦主」之說，是否正確？尤頗需商榷！分析歷代眾家之論，〈泰〉卦䷊卦主之爻，似與劉氏所言，甚有出入。如〔魏晉〕〔註41〕翟元言〈泰〉卦䷊九二，曰：「荒，虛也。二五相應，五虛无陽，二上包也。」〔註42〕〔東漢〕荀爽（128～190）謂〈泰〉䷊九二：「『中』謂

〔註39〕　參閱〔周〕左丘明撰，〔三國・吳〕韋昭注：〈晉語四〉，《國語》（臺北：臺灣中華書局，1966 年據士禮居黃氏重雕本校刊），卷第 10，葉 10。

〔註40〕　參閱劉大鈞先生著：〈《左傳》、《國語》筮例〉，《周易概論》，頁 123。

〔註41〕　按：翟元爲魏晉時人之說，乃援引林忠軍先生之言。其謂：「諸家對翟元見仁見智，有一點可以成爲定論：陸氏（按：指陸德明）列翟元于姚信之後，是謂翟元爲魏晉時人。」（參閱林忠軍先生著：《象數易學發展史》（濟南：齊魯書社，2002 年），第 2 卷，第 2 章，頁 30。）

〔註42〕　〔唐〕李鼎祚輯：《周易集解》，見王雲五主編《國學基本叢書》（臺北：臺灣

五，坤☷爲朋，朋亡而下，則二上居五，而行中和矣。」〔註43〕〔三國・吳〕虞翻（164～233 年）〈泰〉䷊九二云：「兌☱爲朋，坤☷虛無君，欲使二上，故朋亡。二與五易位，故得上于中行，震☳爲行，故光大也。」〔註44〕

再比較九家《易》謂〈泰〉卦䷊六五：「五者帝位，震☳象稱乙，是爲帝乙，六五以陰處尊位，帝者之姊妹，五在震☳後，明其爲也。五應於二當下嫁二，婦人謂嫁曰歸，故言『帝乙歸妹』；謂下居二，以中和相承，故『元吉』也。」〔註45〕虞翻云〈泰〉䷊六五曰：「震☳爲帝，坤☷爲乙。帝乙，紂父。歸謂嫁也。震☳兄、兌☱妹，故嫁妹，祉，福也。謂五變體離☲，離☲爲大腹，則妹嫁而孕，得位正中，故以祉元吉也。」〔註46〕

歸納以上眾家所言，同聲概指九二、六五得中，位處不正，爲求元吉，二爻且須彼此相應，互爲易位，以得陰陽和合大義，始符「以祉元吉」之旨。因六五陰處陽尊之位，其乃虛位無君，是以須降尊下與九二相應，且九二亦須發揮剛中之氣上行相合，如此，方始符「陽升陰降」之理。

是以王弼於〈泰〉卦䷊之九二注曰：「體健居中而用乎〈泰〉䷊，能包荒穢，受納『馮河』者也。……如此乃可以『得尚于中行』。『尚』猶配也。『中行』，謂五。」〔註47〕並謂六五曰：「〈泰〉䷊者，陰陽交通之時也。女處尊位，履中居順，降身應二，感以相與，用中行願，不失其禮。」〔註48〕〔唐〕孔穎達且言：「『帝乙歸妹』者，女處尊位，履中居順，降身應二，感以相與，用其中情，行其志願，不失於礼。」〔註49〕綜觀諸說，眾家雖未明言，惟九二、六五二爻權重之比較，已不言可喻。此由〔北宋〕程頤（1033～1107）之言，猶更顯曉然，其謂：

---

　　　　商務印書館，1968 年），卷 4，頁 164。

〔註43〕同上註。

〔註44〕同上註，頁 165。

〔註45〕同上註，頁 168。

〔註46〕同上註。

〔註47〕〔三國・魏〕王弼注，〔東晉〕韓康伯注：《周易》（臺北：臺灣中華書局，1966
　　　　年據相臺岳氏家塾本校刊），卷 2，葉 1。

〔註48〕同上註，葉 2。

〔註49〕十三經注疏本《周易正義》（北京：北京大學出版社，2000 年），卷第 2，頁
　　　　82。

二以陽剛得中，上應於五，五以柔順得中，下應於二，君臣同德，
是以剛中之才為上所專任，故二雖居臣位，主治〈泰〉䷊者也。所
謂上、下交而其志同也，故治〈泰〉䷊之道，主二而言。〔註50〕

程頤明言：九二雖居臣位，惟主治「〈泰〉䷊者也」；「故治〈泰〉䷊之道，
主二而言。」因此〈泰〉卦䷊「統論一卦之體，明其所由之主」者，實非九
二爻莫屬。惟劉氏為使己說更顯強度，寧解「六五」以卦主，干違《易》理
之情，牴牾眾家之論，然此亦僅其己見，恐難獲方家之采。況〈泰〉卦䷊倘
真不變，則九二爻，策數為「七」亦非「八」，故劉氏「卦主」之說，恐所失
遠矣。

　　劉氏卦主之認定有誤，致使其外卦之說，則非僅限六五爻而言。「得〈泰〉
䷊之八」倘無動爻，占問國事以外卦為主，則六四、六五、上六三爻皆八，
試問劉氏此時又該以何爻為解？

　　浸假以六五爻值居國君尊位且占國事之故，因而仍依其爻為占，然劉禹錫
所不能忽略者，即是「周《易》筮法以何者為占，須視成卦之時動爻所在而言」。
倘若此筮例之占，猶如劉禹錫所言須占六五爻者，則依《周易》筮法而論，六
五爻之策數當為「六」，變卦後，將成〈需〉卦䷄九五爻，此時九五爻之策數
應如韋昭、程迥所言由「六」變「七」，勢將無法構成「八」之條件。

　　更況孔穎達疏解「其卦遇〈蠱〉䷑」以外卦為他國之占，乃無變爻之例，
今劉禹錫亦循此，以〈泰〉䷊之外卦占國事，其外卦為坤☷，倘三爻皆動，
則由策數「六」變為「七」之筮，若三爻咸不動，則其策數方始為「八」，皆
「八」者以周《易》筮法而言，象徵無動爻之例，欲以外卦解之尚須以三爻
小成同論，絕非僅能以六四、六五或上六任一獨爻為占，除非有如劉氏所云
之「卦主」或另有別論者，然其本卦卦主之說已誤，且「得〈泰〉䷊之八」
是否屬不動無為之卦尚有爭議，是以劉禹錫此筮例之注解，誠然有其无可成
立之「矛盾」存在，若此劉氏所言又何能視其為證？劉氏以《周易》筮法觀
念予以解釋「得〈泰〉䷊之八」，終究無可自圓其說。然〔南宋〕林至（？）

〔註50〕參閱〔北宋〕程頤撰：《伊川易傳》，收入景印《文淵閣四庫全書・經部 3・易
　　　　類》（臺北：臺灣商務印書館，1983 年），第 9 冊，卷 1，頁 199。

仍將禹錫此說釋為：

> 又董因迎晉公得《泰》䷊之八曰：「是謂天地配亨」，韋昭與貞〈屯〉
> ䷂悔〈豫〉䷏同，非也。「九六議」謂：「六五一爻不變，帝乙歸
> 妹是也。」〔註51〕

林至視劉禹錫解本筮同然「遇〈艮〉䷳之八」般，仍采畢中和之法：「今變者五而定者一，宜從少占」之說，故取不變爻六五爻辭：「帝乙歸妹」以釋，且據此以斥韋昭之注說有誤。林至之論，另據其解「遇〈艮〉䷳之八」所言，則亦更彰明，其云：

> 如穆姜往東宮，遇〈艮〉䷳之八曰：「是謂〈艮〉䷳之〈隨〉䷐。」
> 注謂：雜用《連山》、《歸藏》，非也。蓋〈艮〉䷳五爻皆變，獨二
> 少陰不變，蓋以不變爻占也。畢中和「九六」議：惟二不動，斯謂
> 「八」也。今變者五而定者一，宜從少占。〔註52〕

林至依禹錫遵畢中和言〈艮〉䷳之八乃「今變者五而定者一」之說，故以為劉禹錫猶將〈泰〉卦䷊視若〈艮〉䷳般，亦為五爻變唯一爻不變之例，且該不變爻即如劉禹錫所云之「卦主」六五，若此，則將禹錫誤釋「卦主」更以之為占之說，予以合理猶如畢中和所云「今變者五而定者一」之般。

　　惟林至不知，倘真以「五爻變唯一爻不變」且又合「卦主」之說者，卻須「九二」爻不變方是，何能以「六五」爻代之？無非即為迎合「外卦」為占之故，是以林至雖以畢中和之論為基，以證劉禹錫「卦主」之解，然致三者咸陷自我矛盾尚且不知。

　　猶有甚者，劉氏無可再以之八「卦主」理論，訓解「得貞〈屯〉䷂悔〈豫〉䷏皆八」筮例，故而另以京氏《易》法──「世爻」之說，予以分釋〈屯〉䷂、〈豫〉䷏二卦。看似有理，實則更顯其捉襟見肘，劉氏曰：

> 晉公子親筮之曰：「尚有晉國，得貞〈屯〉䷂悔〈豫〉䷏皆八。」
> 夫〈屯〉䷂震下坎上，六位盡不遇六、九，故不動。既無所之，即以世爻

---

〔註51〕參閱〔南宋〕林至撰：《易裨傳》，收入〔清〕徐乾學等輯：《通志堂經解》（臺
　　　　北：大通書局，1970 年），《易》第 3 冊，頁 1452。

〔註52〕同上註。

爲占。按〈屯〉☷☳是〈坎〉☵宮二世卦，故以「一」爲占，則遇八；

夫〈豫〉☷☳坤下震上是震☳宮一世卦，以初六爲占，亦遇八。〔註53〕

劉禹錫由於無法以「卦主」說，解釋「得貞〈屯〉☷☳悔〈豫〉☷☳皆八」筮例，因而一舉拆成二卦分以論之。劉氏之言，有別於歷代諸儒視爲「本卦」、「之卦」，遞嬗衍變之筮例，反分爲各自獨立之筮卦。

所以其謂〈屯〉☷☳六爻不遇九、六，咸無變爻故不動，既無動爻可論，即以世爻爲占，因〈屯〉卦☷☳隸屬八純〈坎〉☵宮二世卦，世爻居其六二爻位，乃由〈坎〉卦☵九二陽爻變而來，是以該六二爻屬周《易》筮法「八」數。〈豫〉卦☷☳隸屬八純〈震〉☳宮一世卦，世爻居初六處，其由〈震〉卦☳初九陽爻變而來，亦爲「八」數。二卦世爻皆遇「八」，因而謂之「皆八」。

劉氏此法，完全忽略「貞」、「悔」二字存在之事實，僅就〈屯〉☷☳、〈豫〉☷☳兩卦與「皆八」之關係予之訓解。果此法可行，則「遇〈艮〉☶之八」、「得〈泰〉☷之八」，豈非亦能如其所言「八非變爻，故不曰有所之」〔註54〕，而逕以京氏《易》解之？

〈艮〉卦☶乃八純〈艮〉☶宮卦，「世」居宗廟上九之處，應在九三，〔註55〕皆非「八」數，且又何說？〈泰〉卦☷隸屬〈坤〉☷宮三世之卦，「三公立九三爲世」〔註56〕，乃〈坤〉☷六三爻變而來，理當爲「七」，此又與「八」何干？故劉氏另闢蹊徑之法，雖說有理，惟仍無法「之八」、「皆八」一體（八）適用。

是以劉氏獨舉京氏《易》以解「得貞〈屯〉☷☳悔〈豫〉☷☳皆八」之義，既無法自圓其說，更不可同理解釋另兩筮例之「八」，抑或如此，劉禹錫於此

---

〔註53〕參閱〔唐〕劉禹錫撰：〈論下・辯《易》九、六論〉，《劉賓客文集》，收入景印《文淵閣四庫全書・集部 16・別集類》（臺北：臺灣商務印書館，1985 年），第 1077 冊，卷 7，頁 371。

〔註54〕同上註，頁 369。

〔註55〕參閱〔西漢〕京房撰，〔三國・吳〕陸績註：《京房易傳》，收入景印《文淵閣四庫全書・子部 114・術數類》（臺北：臺灣商務印書館，1985 年），第 808 冊，卷上，頁 450。

〔註56〕同上註，卷中，頁 454。

例對於韋昭注解之批評，則不若「得〈泰〉䷊之八」般之否定，反持不置可否之態度。〔註57〕且嗣後禹錫之論竟也無人有所異議，直至南宋程迥（？）始對其說法提出批駁更於三「八」筮例，另有一番闡述。

## 第三節　程迥之說

程迥之於《左傳・襄公九年》「遇〈艮〉䷳之八」，仍采劉禹錫「筮法以少爲卦主，變者五而定者一，故以八爲占」之論，且依此釐定「五爻變以不變爻占」〔註58〕之說，程迥曰：

> 襄九年，穆姜始往東宮。筮之遇〈艮〉䷳之八，史曰：「是謂〈艮〉
> ䷳之〈隨〉䷐。」蓋五爻皆變，唯八二不變也。劉禹錫謂「變者
> 五，定者一，宜從少占」，是也。〔註59〕

觀程迥所言，其於「遇〈艮〉䷳之八」，與劉禹錫之說同出一轍，是以其「定者五而變者一」相對亦采劉氏之法，不云之「九」、之「六」而稱：「一爻變以變爻占」〔註60〕，所舉諸例與劉氏「宜曰『之某卦』」同然一般，其謂：

> 閔元年，畢萬筮仕，遇〈屯〉䷂之〈比〉䷇，初九變也。蔡墨論
> 〈乾〉䷀曰：「其〈同人〉䷌」，九二變也。僖二十五年，晉侯將
> 納王，遇〈大有〉䷍之〈睽〉䷥，九三變也。……僖十五年，晉

---

〔註57〕劉禹錫謂：韋昭於此注云「內曰貞，外曰悔，震☳下坎☵上爲〈屯〉䷂；坤
☷下震☳上爲〈豫〉䷏。言得此兩卦，震☳在〈屯〉䷂爲貞，在〈豫〉爲
悔，八謂震☳，兩陰爻在貞在悔皆不動，所以筮史占之謂『閉而不通者，爻
無爲也。』」（〔唐〕劉禹錫撰：〈論下・辯《易》九、六論〉，《劉賓客文集》，
收入景印《文淵閣四庫全書・集部16・別集類》（臺北：臺灣商務印書館，1985
年），第1077冊，卷7，頁371。）按：或許，劉氏亦自知理虧，是以比較韋
昭說法時，不若「得〈泰〉䷊之八」般──「何必取互體也」之語氣，且僅
輕描淡寫重述韋昭說法而已。

〔註58〕〔南宋〕程迥撰：〈占例第七〉，《周易古占法》，收入嚴靈峯編輯：《無求備齋
易經集成》（臺北：成文出版社，1976年據明嘉靖間天一閣刊本影印），第154
冊，卷1，頁11。

〔註59〕同上註，頁12。

〔註60〕同上註，頁10。

獻公筮嫁伯姬，遇〈歸妹〉䷵之〈睽〉䷥，上六變也。他倣此。
〔註61〕

程迥爲釋「遇〈艮〉䷳之八」，偕禹錫咸犯相垺之矛盾──「一事而二法」。劉氏以「變者五而定者一」，程氏則言：「五爻變以不變爻占」；劉氏曰：「之某卦」，程氏稱「一爻變以變爻占」，兩者僅表述之名稱不類，惟本質全然不殊，是以衝突猶如禹錫一般，令人無可苟同。

程迥「遇〈艮〉䷳之八」所論，倘有異於劉氏者，猶僅「史謂〈艮〉䷳之〈隨〉䷐爲苟悅于姜者」與否之差別爾。

劉禹錫稱：「史以爲東宮實幽也。遇此爲不利，故從變爻而占，苟以說于姜也。」〔註62〕劉氏以爲〈艮〉䷳之八所以改謂〈艮〉䷳之〈隨〉䷐，乃筮史恐移居「東宮」即如囚禁，筮得〈艮〉䷳之八爲不吉之占，故改以變爻論占，祈望洎此得以取悅於穆姜。

惟程迥則反駁劉氏此說，且言：

> 然謂「八」非變爻，不曰「有所之」史謂〈艮〉䷳之〈隨〉䷐爲苟悅于姜者，非也。蓋他爻變，故之〈隨〉䷐，惟之〈隨〉䷐然後見「八」，二之不變也。〔註63〕

程迥謂既言「八」者，乃不變爻之意，然劉氏稱筮史改謂〈艮〉䷳之〈隨〉䷐乃爲取悅穆姜之說爲非。因其它五爻之動，是以〈艮〉卦䷳變爲〈隨〉卦䷐，亦因此得以章顯〈艮〉卦䷳六二爻之不變爲「八」。

程迥於此雖與劉氏看法相左，惟並無影響其采擷劉氏「筮法以少爲卦主」之意圖。然此說猶似無非僅爲彰明其論，與禹錫尚有此差異云爾，其餘諸般之說，實亦無甚於劉氏者幾希。

---

〔註61〕〔南宋〕程迥撰：〈占例第七〉，《周易古占法》，收入嚴靈峯編輯：《無求備齋易經集成》（臺北：成文出版社，1976年據明嘉靖間天一閣刊本影印），第154冊，頁10。

〔註62〕參閱〔唐〕劉禹錫撰：〈論下・辯《易》九、六論〉，《劉賓客文集》，收入景印《文淵閣四庫全書・集部16・別集類》（臺北：臺灣商務印書館，1985年），第1077冊，卷7，頁369。

〔註63〕同註61，頁12。

　　或恐程氏這般，而對朱熹有所影響，是以朱子〈考變占〉抑有「相較心態」，於此則論以「之卦不變爻占」〔註64〕，卻不采劉禹錫「〈艮〉☶之六二」〔註65〕亦即程迥所宗之「唯『八』二不變」〔註66〕爲占，以異於劉氏、程迥之論而有所凸顯耳。

　　觀「遇〈艮〉☶之八」程氏掇拾劉禹錫之說，倘置入「得〈泰〉☷之八」亦將如劉氏之般無可自圓其說。是以程氏爲獨解「遇〈泰〉☷之八」，則將其歸爲初、二、三爻變之例，其謂：

> 奇數有一、有二、有三、有四，策數有六、有七、有八、有九而五與十不用，故成《易》者，無非四營也。或曰九變六，六變九，非也。九當變八，六當變七，何以言之？《國語》董因爲晉文公筮，「遇〈泰〉☷之八」。謂「初、二、三」以九變八，而四、五、上不變爲八，故曰「〈泰〉☷之八也。〔註67〕

程迥爲釋策數之所以「九」當變爲「八」，「六」應變爲「七」且舉「遇〈泰〉☷之八」爲例。亦由此，昭然章顯，程迥即視「遇〈泰〉☷之八」爲三爻變筮例。

　　其謂「初、二、三」爻本爲陽爻「—」策數九，變爲陰爻「‐‐」策數八，依程迥所述，則〈泰〉卦☷將因三爻變而成〈坤〉☷，果如程氏所言，何則「遇〈泰〉☷之八」卻不曰：「遇〈泰〉☷之〈坤〉☷」？

　　若然，則《國語・周語》：「遇〈乾〉☰之〈否〉☶」〔註68〕豈非猶應

〔註64〕 參閱朱熹撰：〈考變占第四〉，《易學啟蒙》，見〔清〕李光地等撰：《周易折中》，收入景印《文淵閣四庫全書・經部32・易類》（臺北：臺灣商務印書館，1983年），第38冊，卷20，頁502。

〔註65〕 參閱〔唐〕劉禹錫撰：〈論下・辯《易》九、六論〉，《劉賓客文集》，收入景印《文淵閣四庫全書・集部16・別集類》（臺北：臺灣商務印書館，1985年），第1077冊，卷7，頁369。

〔註66〕 〔南宋〕程迥撰：〈占例第七〉，《周易古占法》，收入嚴靈峯編輯：《無求備齋易經集成》（臺北：成文出版社，1976年據明嘉靖間天一閣刊本影印），第154冊，頁12。

〔註67〕 同上註，頁18～19。

〔註68〕 參閱〔周〕左丘明撰，〔三國・吳〕韋昭注：〈周語下〉，《國語》（臺北：臺灣中華書局，1966年3月，據士禮居黃氏重雕本校刊），卷第3，葉3。按：本例韋昭注解如下：「乾☰下乾☰上，〈乾〉☰也；坤☷下乾☰上〈否〉☶

稱爲「遇〈乾〉☰之八」？惟不依此稱之，或因〈乾〉☰之四、五、上爻咸「七」不變，非「皆」八故，是以不可謂「之八」？若此，其謂「之七」可否？倘眞如此，又何以「遇〈艮〉☶之八」竟與「遇〈艮〉☶之〈隨〉䷐」相垺？豈因有「史謂」，然餘者咸無，是以獨可任憑想像？

　　程迥或不贊劉禹錫「得〈泰〉䷊之八」之釋，故此不采其「得〈泰〉䷊之八」取「外卦」六五爻占之說，而另闢蹊徑。然卻不知，反猶如禹錫之般自陷泥淖尚且不知。然程氏之矛盾，依然有後人奉爲圭臬者，諸如〔清〕江永（1681～1762）即言：

> 假令〈泰〉卦䷊無動爻，當言筮得〈泰〉䷊，不得云〈泰〉䷊之八。〈泰〉䷊之八者，〈泰〉䷊之〈坤〉䷁，內三陽爻變，外三陰爻不變也。三爻變者，當占二卦《象》辭，此所變者，皆內卦故，但以本卦《象》占之，且乾☰變坤☷亦得爲天地配也。今以卦象推之〈泰〉䷊變純〈坤〉䷁，得土有眾之象，即兼〈坤〉䷁《象》言之：「君子有攸往，先迷後得主利，西南得朋」，亦似與文公事相合。〔註69〕

江永所見猶循程迥之說，視〈泰〉䷊之八爲〈泰〉䷊之〈坤〉䷁，內三陽爻變、外三陰爻不變，且依朱熹：「三爻變，則占本卦及之卦之《象》辭」〔註70〕，而言當占二卦《象》辭，且加入己見：「此所變者，皆內卦故，但以本卦《象》占之」以解釋，何以董因言「天地配亨，小往大來」云云之說。更言因內卦由乾☰變坤☷亦得「天地相配」之象，故以〈坤〉卦䷁卦辭：「君子有攸往，先迷後得主利，西南得朋」之說，以應合晉文公重耳之事。

---

也。〈乾〉☰初九、九二、九三變而之〈否〉䷋也。」是以本例以《周易》
筮法而言，其確然初、二、三爻變之筮例。
〔註69〕參閱〔清〕江永撰：〈春秋補義〉，《羣經補義》，收入景印《文淵閣四庫全書‧
　　　經部 188‧五經總義類》（臺北：臺灣商務印書館，1983 年），第 194 冊，卷 2，
　　　頁 32。
〔註70〕請參〔南宋〕朱熹撰：〈考變占〉第四，《易學啓蒙》，見〔清〕李光地等撰：
　　　《周易折中》，收入景印《文淵閣四庫全書‧經部 32‧易類》（臺北：臺灣商
　　　務印書館，1983 年），第 38 冊，卷 20，頁 502。

　　江永堪稱有清一代之大儒，既見「內三陽爻變，外三陰爻不變」，何則無可反思〈乾〉䷀之〈否〉䷋乃「內三陽爻變，外三陽爻不變」之筮，惟何故不謂〈乾〉䷀之七或〈乾〉䷀之八？又何以「遇〈艮〉䷳之八是謂〈艮〉䷳之〈隨〉䷐」，然卻無「得〈泰〉䷊之八是謂〈泰〉䷊之〈坤〉䷁」？嗣後李道平（1788～1844）亦言：

> 今據《象》辭觀之，知此筮用八，決爲〈泰〉䷊之〈坤〉䷁，惟〈泰〉䷊之〈坤〉䷁則是三陰不動，故曰〈泰〉䷊之八。〔註71〕

李氏之說與江永咸犯程迥之病。今有學者研究亦云：

> 〈泰〉䷊之八應當不是一不變之卦，而是由〈泰〉卦䷊變〈坤〉卦䷁，即四爻、五爻、上爻三個陰爻不變。〔註72〕

若此以觀，顯見程迥之說洎南宋迄今，猶然迷惑學界甚眾。

　　程、劉二氏，豈止「得〈泰〉䷊之八」彼此迥異，程迥更且不采劉氏「得貞〈屯〉䷂悔〈豫〉䷏皆八」之說，且直斥言之：

> 劉禹錫解貞〈屯〉䷂悔〈豫〉䷏之說，非也。若納甲卦氣之類，皆出緯書，不能合于正《經》，今不取。〔註73〕

程迥稱劉禹錫解「貞、悔」筮例，所採《京氏易》法乃屬緯書之說，不合正《經》法則，是以不予取用。若此可知，程迥本就京房之《易》頗有意見，此由「納甲卦氣之類皆出緯書」之語，想見一般。

　　程迥反采摭畢中和所云：「貞〈屯〉䷂悔〈豫〉䷏，變與定均也」〔註74〕之言，視「貞〈屯〉䷂悔〈豫〉䷏皆八」爲三爻變筮例，將其歸類於「一、

---

〔註71〕參閱〔清〕李道平撰：《易筮遺占》，收入嚴靈峯編輯：《無求備齋易經集成》（臺北：成文出版社，1976 年據〔清〕光緒十七年刊「湖北叢書」本影印），第 154 冊，頁 30。

〔註72〕參閱韓慧英：〈《左傳》、《國語》筮數「八」之初探〉，《周易研究》2002 年第 5 期，頁 47。

〔註73〕參閱〔南宋〕程迥著：〈占說第八〉，《周易古占法》上，收入嚴靈峯編輯：《無求備齋易經集成》（臺北：成文出版社，1976 年，據明嘉靖間天一閣刊本影印），第 154 冊，頁 17。

〔註74〕參閱〔南宋〕林至撰：《易裨傳》，收入〔清〕徐乾學等輯：《通志堂經解》（臺北：大通書局，1970 年），《易》第 3 冊，頁 1452。

四、五爻變」範圍，謂之：

> 《國語》重耳筮，尚得晉國，遇貞〈屯〉䷂悔〈豫〉䷏皆八。蓋
> 初與四、五凡三爻變也。初與五，用「九」變，四用「六」變，其
> 數不純；其不變者，二、三、上在〈屯〉䷂為「八」，在〈豫〉䷏
> 亦八，故舉其純者而言「皆八」也。〔註75〕

程迥解釋〈屯〉卦䷂由於初九、六四、九五三爻變，且初九、九五用「九」
變為「八」，六四用「六」變為「七」，是以得變卦〈豫〉卦䷏，然由於此三
爻變，其中二爻為用「九」、一爻為用「六」均非相埒。然相對於不變爻——
〈屯〉䷂六二、六三、上六，策數皆「八」；〈豫〉䷏六二、六三、上六，
策數亦且為「八」，二者全然一致，是以舉其純者，而謂之「皆八」。

　　依程迥所言，取「不變爻一致性」之理論倘可成立，則前所提《左傳・
襄公九年》「遇〈艮〉䷳之八」是謂「〈艮〉䷳之〈隨〉䷐」，〈艮〉䷳、〈隨〉
䷐二者，彼此六二不變爻最為一致與單純，又何以不謂：「遇〈艮〉䷳之八
是謂貞〈艮〉䷳悔〈隨〉䷐皆八」？

　　《國語・周語》「遇〈乾〉䷀之〈否〉䷋」，其九四、九五、上九皆為
「七」，不變爻亦有「一致性」，何以不舉其純者而言「遇貞〈乾〉䷀悔〈否〉
䷋皆七」？《國語・晉語》「得〈泰〉䷊之八」，程氏又為何不稱：「貞〈泰〉
䷊悔〈坤〉䷁皆八」？而僅曰：「初、二、三以九變八而四、五、上不變為
八，故曰〈泰〉䷊之八也」〔註76〕？

　　程迥否定劉禹錫以京氏「世應」之說解釋「得貞〈屯〉䷂悔〈豫〉
䷏皆八」，而另以周《易》筮法三爻變訓解本例，且為使「得貞〈屯〉䷂悔〈豫〉
䷏皆八」得以合理歸於周《易》筮法三爻變之列，是以相異於禹錫不顧「貞」、

---

〔註75〕〔南宋〕程迥撰：〈占例第七〉，《周易古占法》，收入嚴靈峯編輯：《無求備齋
　　　　易經集成》（臺北：成文出版社，1976年據明嘉靖間天一閣刊本影印），第154
　　　　冊，頁11。
〔註76〕按：依程迥說法遇〈泰〉䷊之八，初、二、三爻變而成〈坤〉卦䷁，則〈泰〉
　　　　、〈坤〉䷁六四、六五、上六亦皆為「八」，如此謂之「貞〈泰〉䷊悔〈坤〉
　　　　䷁皆八」不亦可乎？

「悔」二字存在之義，而將「貞」、「悔」另釋爲「本卦爲貞、之卦爲悔」〔註77〕，以求契合周《易》筮法「本卦」、「之卦」之遞嬗關係。

然其不知倘遵此說，則「得貞〈屯〉䷂悔〈豫〉䷏皆八」豈非猶如「遇〈艮〉䷳之八，是謂〈艮〉䷳之〈隨〉䷐」般，亦可稱「得貞〈屯〉䷂悔〈豫〉䷏皆八，是謂遇〈屯〉䷂之八」乎？同理，「遇〈艮〉䷳之八，是謂〈艮〉䷳之〈隨〉䷐」莫非猶且可謂「遇貞〈艮〉䷳悔〈隨〉䷐皆八」爾？〔註78〕

程迥抑或自以爲高明於劉氏之說法，然卻令己身陷諸般矛盾而不自知，其爲求解「得貞〈屯〉䷂悔〈豫〉䷏皆八」之說，且將「貞」、「悔」二字另以「本卦」、「之卦」解之，〔註79〕洎此迄今，諸家莫不奉爲圭臬且習之爲常，是以朱熹（1130～1202）《易學啓蒙》亦遵其言，无有違犯：

> 凡卦六爻皆不變，則占本卦《彖》辭，而以內卦爲貞，外卦爲悔。
>
> ……三爻變，則占本卦及之卦《彖》辭，而以本卦爲貞，之卦爲悔。
>
> 〔註80〕

朱子承襲程迥之論，猶將「貞」、「悔」二字分爲兩種解釋，由此亦可證元人

---

〔註77〕〔南宋〕程迥撰：〈占例第七〉，《周易古占法》，收入嚴靈峯編輯：《無求備齋易經集成》（臺北：成文出版社，1976年據明嘉靖間天一閣刊本影印），第154冊，頁11。

〔註78〕按：程迥「貞〈屯〉䷂悔〈豫〉䷏皆八」所謂：「舉其純者而言『皆八』」且貞爲本卦，悔爲之卦」，對照「遇〈艮〉䷳之八，是謂遇〈艮〉䷳之〈隨〉䷐」，〈艮〉䷳爲本卦、〈隨〉䷐爲之卦（即變卦），皆僅六二爻策數爲「八」。則「貞〈屯〉䷂悔〈豫〉䷏皆八」不亦猶如「遇〈艮〉䷳之八，是謂〈艮〉䷳之〈隨〉䷐」般，改稱爲「得〈屯〉䷂之八，是謂得貞〈屯〉䷂悔〈豫〉䷏皆八。」反之，對照程迥「貞〈屯〉䷂悔〈豫〉䷏皆八」所謂：「舉其純者而言『皆八』」且「貞爲本卦，悔爲之卦」，則「遇〈艮〉䷳之八，是謂遇〈艮〉䷳之〈隨〉䷐」，不亦可改同如「貞〈屯〉䷂悔〈豫〉䷏皆八」般，稱之「遇〈艮〉䷳之八，又謂貞〈艮〉䷳悔〈隨〉䷐皆八」乎？

〔註79〕按：程迥將「貞」、「悔」二字分爲兩種解釋，其謂：「六爻不變以卦《彖》占，內卦爲貞，外卦爲悔。」又謂：「二爻、三爻、四爻變，以本卦爲貞，之卦爲悔。」（參閱〔南宋〕程迥撰：〈占例第七〉，《周易古占法》，收入嚴靈峯編輯：《無求備齋易經集成》（臺北：成文出版社，1976年據明嘉靖間天一閣刊本影印），第154冊，頁9，11。）

〔註80〕請參〔南宋〕朱熹撰：〈考變占〉第四，《易學啓蒙》，見〔清〕李光地等撰：《周易折中》，收入景印《文淵閣四庫全書‧經部32‧易類》（臺北：臺灣商務印書館，1983年），第38冊，卷20，頁502。

吳澄（1243～1313）曾謂：「沙隨先生經學精深，朱子多取其說」〔註81〕所言有據。然朱熹可曾驗證沙隨之說能否確然成立？倘「貞」、「悔」果如程氏所云，非但「貞〈屯〉䷂悔〈豫〉䷏皆八」得解，縱然「得〈泰〉䷊之八」、「遇〈艮〉䷳之八」尚且得證，然何以適得其反，互爲矛盾？故此，愚且大膽直言，「貞」、「悔」二字訓爲「本卦」、「之卦」，乃程迥爲使「貞〈屯〉䷂悔〈豫〉䷏皆八」，得以符合周《易》筮法，所自創之詞，與前人經典之論盡皆違背，其確然性，著實令人懷疑。

## 第四節　小　結

再觀《左傳·襄公九年》：「遇〈艮〉䷳之八，史曰：『是謂〈艮〉䷳之〈隨〉䷐。〈隨〉䷐，其出也，君必速出。』姜曰：『是於《周易》』」〔註82〕；《國語·晉語》：「得貞〈屯〉䷂悔〈豫〉䷏皆八也。筮史占之皆曰：『不吉。閉而不通，爻無爲也。』司空季子曰：『吉。是在《周易》，皆利建侯。不有晉國以輔王室，安能建侯？』」〔註83〕由「姜曰：『是於《周易》』」；「司空季子曰：『吉。是在《周易》』」二語，可以肯定，《左傳》、《國語》「之八」、「皆八」筮例，所用筮法絕非《周易》，此點，孔穎達亦表贊同〔註84〕，其與《周易》筮法彼此確實存有差異。〔註85〕

---

〔註81〕原文如下：「朱子手筆，人得之者多，此書與沙隨程先生，其間質正《孝經》疑義及《易》疑義，則非泛泛往復之書比也。沙隨先生經學精深，朱子多取其說，於朱爲丈人行，故朱子以師禮事之，書中所質《孝經》之疑，程答書云：『近見玉山汪端明亦謂此書多出後人附會。』朱子然其言，載之於《孝經》刊誤。」（詳參〔元〕吳澄撰：〈跋朱文公與程沙隨帖〉，《吳文正集》，收入景印《文淵閣四庫全書·集部136·別集類》（臺北：臺灣商務印書館，1985年），第1197冊，卷62，頁605。）

〔註82〕十三經注疏本《春秋左傳正義》（北京：北京大學出版社，2000年），卷第30，頁997。

〔註83〕〔周〕左丘明撰，〔吳〕韋昭注：〈晉語四〉，《國語》（臺北：臺灣中華書局，1966年據士禮居黃氏重雕本校刊），卷第10，葉10。

〔註84〕孔穎達曰：「……下文穆姜云『是於《周易》』；……其下司空季子云『是在《周易》』，並於遇八之下，別言《周易》。知此遇八，非《周易》也。」（參閱十三經注疏本《春秋左傳正義》，卷第30，頁997～998。）

〔註85〕按：觀韋昭注解「貞〈屯〉䷂悔〈豫〉䷏皆八」，其對「筮史占之皆曰不吉」

　　《周禮》有云：「大卜掌三《易》之灋，一、曰《連山》、二曰《歸藏》、三曰《周易》」〔註86〕；且「簭人掌三《易》，以辨九簭之名，一曰《連山》，二曰《歸藏》，三曰《周易》。」〔註87〕考《周禮》可謂現存經典文獻中，最早記錄《連山》、《歸藏》、《周易》三《易》之說者，且由「遇〈艮〉䷳之八是謂遇〈艮〉䷳之〈隨〉䷐」比較，尚能發現二者之間，抑存有相互可逆之公式；亦即「之八」筮法與周《易》筮法之成卦形式，相互可資對應，猶如：「遇〈艮〉䷳之八，是謂〈艮〉䷳之〈隨〉䷐」一般。

　　是以，「得〈泰〉䷊之八」、「遇〈艮〉䷳之八」、「得貞〈屯〉䷂悔〈豫〉䷏皆八」，三「八」筮法必應相同，且其筮法成卦須如：「遇〈艮〉䷳之八，是謂〈艮〉䷳之〈隨〉䷐」般，咸能相對吻合《周易》筮法之成卦，如此之「八」理論方屬完整。

　　觀之韋昭注解「得〈泰〉䷊之八」雖與「得貞〈屯〉䷂悔〈豫〉䷏皆八」可通，且「得貞〈屯〉䷂悔〈豫〉䷏皆八」能解「遇〈艮〉䷳之〈隨〉䷐」，更且「遇〈艮〉䷳之八」亦與「遇〈艮〉䷳之〈隨〉䷐」對應，惟「得〈泰〉䷊之八」卻無能以解「遇〈艮〉䷳之八」，是以韋昭注解「得〈泰〉䷊之八」、「得貞〈屯〉䷂悔〈豫〉䷏皆八」，二者均以「八」為「小成震卦☳及其兩不變陰爻」之說，誠然無可圓滿成立，仍有不夠周延之處。

　　然劉禹錫「卦主」、「占外卦」、「世應」之說，相對程迥「不變爻」、「三爻變」、「本卦、外卦」之解，二者咸將三「八」筮例，各自獨立解讀，致使彼此無法相融解釋，是以劉、程二者之論，與之韋昭所言相比，猶更顯下乘，實非正解。

---

與「司空季子曰吉，是在周《易》」之說法，可參考彼此確實存有差異。其謂：「筮史，筮人掌以三《易》，辨九筮之名，一、夏《連山》；二、殷《歸藏》；三、《周易》。以《連山》、《歸藏》占此兩卦皆言不吉。……以周《易》占之二卦，皆吉也。」（參閱〔周〕左丘明撰，〔三國‧吳〕韋昭注：〈晉語四〉，《國語》（臺北：臺灣中華書局，1966 年據士禮居黃氏重雕本校刊），卷第 10，葉10。）

〔註86〕參閱〔東漢〕鄭玄注，〔唐〕賈公彥疏：〈大卜〉，《周禮注疏》（北京：北京大學出版社，2000 年），卷第 24，頁 748。（以下凡有資料引自本書，均簡稱為十三經注疏本《周禮注疏》。）

〔註87〕同上註，頁 764。

# 第四章　「貞」、「悔」之疑義與筮法「之八」、「皆八」之關係

　　「貞」、「悔」二字，象徵筮法「內」、「外」卦之意義，於現存經典文獻中最顯者，莫過於《左傳・僖公十五年》其卦遇〈蠱〉䷑：「〈蠱〉䷑之貞，風也；其悔，山也。」〔註1〕昉東漢諸家之注，蓋循此例，無有疑義；惟洎乎〔南宋〕程迥（？）、朱熹（1130～1202）以降，為求《春秋》外《傳》——「貞〈屯〉䷂悔〈豫〉䷏皆八」筮例能得合理之注解，因而衍生兩種解釋以對應兩種占筮情況之不同說法，迄今猶然方興未艾，沿用不誤。眾方家咸以「有無變爻」，做為區別「貞」、「悔」之義分類之標準。「無爻變者」，其貞卦與悔卦，即指六十四卦卦體之下卦與上卦，「上卦」為悔，「下卦」為貞；「論卦變」，則「本卦」（即靜卦）為貞，「之卦」（即變卦或動卦）為悔。然考諸《左傳》、《國語》筮例，「貞」、「悔」咸分二義之說法，確然有重新檢討、闡明之必要，是以本章即就「貞」、「悔」二字提出釋疑。

---

〔註1〕 十三經注疏本《春秋左傳正義》（北京：北京大學出版社，2000年），卷第14，頁429。

## 第一節　唐前諸家「貞」、「悔」之說

「貞」、「悔」二字之於筮法，最早出現於《尚書・洪範》。四庫館臣曾言：

> 舊本題《漢孔安國傳》，其書至〔晉〕豫章內史梅賾始奏於朝，〔唐〕
> 貞觀十六年，孔穎達等爲之疏，永徽四年，長孫無忌等又加刊定。
> 〔註2〕

故今傳本《尚書》乃〔唐〕孔穎達（574～648）采〔東晉〕梅頤〔註3〕（？）上獻之《孔安國傳》所疏，四庫館臣又云：

> 《古文尚書》較今文多十六篇，晉魏以來絕無師說，故《左氏》所
> 引，杜預皆注曰：「逸書」，東晉之初，其書始出，乃增多二十五篇，
> 初猶與今文並立，自陸德明據以作《釋文》，孔穎達據以作《正義》，
> 遂與伏生二十九篇混合爲一。〔註4〕

《古文尚書》篇章溢出《今文尚書》十六篇，洎晉魏以降，咸無師說，是以《左傳》經文所引者，〔西晉〕杜預（222～285）之時均無所見，故於注中皆稱「逸書」。至東晉之初梅頤獻《漢孔安國傳》，其經文猶比今文更益二十五篇，昉始二者，尚能並立，惟洎〔唐〕陸德明（約 550～630）據以作《經典釋文》、孔穎達假以疏《尚書正義》，遂與〔西漢〕伏生（？）所授二十九篇《今文尚書》混合爲一，而成今傳之本。

　　〔清〕閻若璩（1636～1704）依此考據則云：「東晉元帝時，豫章內史梅

---

〔註2〕　參閱〔清〕永瑢等編撰：〈經部十一・書類一〉，《四庫全書總目》（臺北：藝文印書館，1964 年），卷 11，頁 262。

〔註3〕　按：歷來咸稱梅「賾」之「賾」字，經虞萬里先生考定須改爲「頤」字，今從之。虞先生謂：「由於東漢以還道教興起，皆奉《易經》與《莊子》爲教理之本，故延及魏晉凡涉及道教養生之義的有關文字，多喜用「頤」字。……梅頤字仲眞，乃取頤養天眞之意。頤養天眞，始終與道教養生之發生、發展息息相關，……名賾字眞，難以表現古人『字以表德』的名字義鏈。凡此均已說明字爲仲眞之梅氏之名必定是『頤』而非『賾』。」（參閱虞萬里先生著：〈獻《古文尚書》者梅頤名氏地望辨證〉，《文史》（北京：中華書局，2004年），第 4 輯（總第 69 輯），頁 254～255。）

〔註4〕　參閱〔清〕永瑢等編撰：〈經部 12・書類 2〉，《四庫全書總目》（臺北：藝文印書館，1964 年），卷 12，頁 290。

頤忽上《古文尚書》增多二十五篇，無論其文辭、格制迥然不類，而只此篇數之不合，僞可知矣。」〔註5〕故而梅頤所獻之《孔安國傳》，於今之學界咸皆視爲《僞孔傳》已成定讞。其〈洪範〉經文曰：「武王勝殷，殺受，立武庚，以箕子歸作〈洪範〉。……次七曰：『明用稽疑』」〔註6〕：

> 七、稽疑：擇建立卜筮人，乃命卜筮。曰雨、曰霽、曰蒙、曰驛、曰克、曰貞、曰悔，凡七。卜五占用二，衍忒。立時人作卜筮，三人占，則從二人之言。〔註7〕

〈洪範〉明列卜、筮所用之法各有五種及二種分別。占卜之法計：「雨、霽、蒙、驛、克」。〔西漢〕司馬遷（？～86B.C.）稱之：「雨、濟、涕、霧、克。」〔註8〕《漢書・儒林傳》有言：「安國爲諫大夫授都尉朝，而司馬遷亦從安國問，故遷書載〈堯典〉、〈禹貢〉、〈洪範〉、〈微子〉、〈金縢〉諸篇多古文說。」〔註9〕故此，閻若璩據而以謂：

> 余嘗取遷《書》所載諸篇讀之，雖文有增損，字有通假，義有補綴及或隨筆竄易，以就成己一家言而要，班固曰「多古文說」，則必出於古文，而非後託名古文者所可並也。〔註10〕

是以閻氏遵〔東漢〕班固（32～92）之語，稱司馬遷之紀，乃《古文尚書》本。

　　〔東漢〕鄭玄（127～200）《尚書注》則云「五卜」爲：「雨、濟、圛、蟊、尅」；〔註11〕〔三國・魏〕王肅（195～256）猶稱：「曰雨曰霽曰圛曰雰

〔註5〕　參閱：〔清〕閻若璩撰：《尚書古文疏證》，收入景印《文淵閣四庫全書・經部60・書類》（臺北：臺灣商務印書館，1983年），第66冊，卷1，頁129。

〔註6〕　十三經注疏本〈洪範第六〉，《尚書正義》（北京：北京大學出版社，2000年），卷第12，頁351～355。

〔註7〕　同上註，頁371～372。

〔註8〕　〔西漢〕司馬遷撰：〈宋微子世家第八〉，《史記》，收入《二十五史》（臺北：臺灣開明書局，1934年），卷38，頁135。

〔註9〕　〔東漢〕班固撰：〈儒林傳第五十八〉，《漢書》，收入《二十五史》（臺北：臺灣開明書局，1934年），卷88，頁583。

〔註10〕　〔清〕閻若璩撰：《尚書古文疏證》，收入景印《文淵閣四庫全書・經部60・書類》，第66冊，卷1，頁182。

〔註11〕　〔東漢〕鄭玄注，〔南宋〕王應麟輯，〔清〕孔廣林增訂：《尚書鄭注》（北京：中華書局，1985年），頁51。

曰克」〔註12〕，考諸家「五卜」異字，均乃同（諧）音通假，其義咸皆相類。占筮之法計：貞、悔二事，各家所稱猶同，如〔東漢〕馬融（79～166）曾言：「『占用二』，占筮也。」〔註13〕王肅且謂：「『占用二』者，以貞、悔占六爻。」〔註14〕《左傳・僖公十五年》「秦伯伐晉，卜徒父筮之，其卦遇〈蠱〉☶☴」文中亦有記載：

> 曰：「千乘三去，三去之餘，獲其雄狐。」夫狐蠱，必其君也。〈蠱〉
>
> ☶☴之貞，風也；其悔，山也。」〔註15〕

考《說卦》傳曰：「巽☴，爲風；艮☶，爲山。」〔註16〕今蠱卦☶☴內卦——「貞」爲巽☴，「風」也；外卦——「悔」爲艮☶，「山」也，是以「貞」、「悔」二字，象徵筮法「內」、「外」卦之意義最顯者，莫過於此，故而《左傳》內卦爲「貞」、外卦爲「悔」即與〈洪範〉「貞」、「悔」兩相呼應，併傳於世。

嗣〔西漢〕孔安國（？）注《論語》言：「貞，正。」〔註17〕〔西漢〕京房（77～37B.C）謂：「靜爲悔，發爲貞；貞爲本，悔爲末。」〔註18〕〔東漢〕賈逵（30～101）曰：「貞，正也。」〔註19〕惟〔東漢〕鄭眾（？～83）則言：「貞，問也。《易》曰：『〈師〉☷☵，貞大人吉。』問於丈人。《國語》曰：『貞於陽卜。』」〔註20〕觀鄭司農此言斷句，解釋爲：「問丈人吉」，誠屬合理，然

〔註12〕〔三國・魏〕王肅撰：《尚書王氏注》，收入〔清〕馬國翰輯：《玉房山房輯佚書》（臺北：文海出版社，1952年），第1冊，卷下，頁410。

〔註13〕參閱〔東漢〕馬融撰：《尚書注》，收入〔清〕王謨輯：《漢魏遺書鈔》（板橋：藝文印書館，1971年），第1冊，葉18。

〔註14〕同註12，頁411。

〔註15〕十三經注疏本《春秋左傳正義》（北京：北京大學出版社，2000年），卷第14，頁429。

〔註16〕十三經注疏本〈說卦〉，《周易正義》（北京：北京大學出版社，2000年），卷第9，頁391，392。

〔註17〕〔三國・魏〕何晏注，〔北宋〕邢昺疏：〈衛靈公〉，《論語注疏》（北京：北京大學出版社，2000年），卷第15，頁247。

〔註18〕〔西漢〕京房撰，〔東漢〕陸績注：《京房易傳》，收入景印《文淵閣四庫全書・子部114・術數類》（臺北：臺灣商務印書館，1985年），第808冊，頁466。

〔註19〕參閱〔東漢〕賈逵撰：《國語註》，收入〔清〕王謨輯《漢魏遺書鈔》（板橋：藝文印書館，1971年），第5冊，葉12。

〔註20〕〔東漢〕鄭眾撰：《周禮鄭司農解詁》，收入〔清〕馬國翰輯：《玉函山房輯佚

倘斷爲「〈師〉䷆貞，丈人吉」猶無不可。

　　依《彖》曰：「師，眾也。貞，正也。」〔註21〕「〈師〉䷆貞」，即如〔南宋〕朱震（1072～1138）所言：「『用師之道，以正爲本』〔註22〕；『丈人者，尊嚴可信長者之稱。身在險中，服其勤勞，則眾應之，能以眾正者也。』〔註23〕」且丈人，亦可謂「家長；主人」解，更亦能引申爲一師之帥、一族之主、一國之君，如〔戰國‧楚〕〔註24〕尸佼（390～330B.C.）所言：「家人子姪和、臣妾力則家富，丈人雖厚衣食，無傷也；子姪不和、臣妾不力則家貧，丈人雖薄衣食，無益也。而況於萬乘之君乎？」〔註25〕此丈人即解爲一家、一族之主，並擴引爲一師之帥或一國之君者。

　　如此「〈師〉䷆貞，丈人吉」不亦可解爲：「用師之道，以正爲本，則丈人（尊信者、族長、將帥、國君等）可吉。」其義與鄭眾所云「〈師〉䷆，貞丈人吉」──「用師之道，詢問丈人（尊信者、族長、將帥、國君等），則吉。」二者內涵之精神，均爲「用師之道」在於詢者與被詢者均須「持正」，則眾人乃至國家方始得吉。語雖有別，惟核心實亦相同，故「貞者，正也；問也」於《周易》之中咸能同時成立、運用。

---

　　書》（臺北：文海出版社，1952年），第2冊，卷3，頁675。

〔註21〕 十三經注疏本〈說卦〉，《周易正義》（北京：北京大學出版社，2000年），卷第2，頁60。

〔註22〕 參閱〔南宋〕朱震撰：《漢上易傳》，收入〔清〕徐乾學等輯，納蘭成德校刊《通志堂經解》（臺北：大通書局，1970年），《易》第1冊，卷1，頁448。

〔註23〕 同上註。

〔註24〕 按：《史記‧孟子荀卿列傳》曰：「『楚』有尸子、長盧。」〔南朝〕裴駰（？）《史記集解》謂：「案劉向《別錄》曰楚有尸子，疑謂其在蜀，今案尸子『晉』人也，名佼。」是以〔西漢〕司馬遷（145～？B.C.）稱其爲楚人；〔西漢〕劉向（77～6B.C.）謂其爲晉人。（參閱〔西漢〕司馬遷撰：〈孟子荀卿列傳〉，《史記》，收入《25史》（臺北：臺灣開明書局，1934年），卷74，頁197。）又《漢書‧藝文志》言：「《尸子》二十篇。名佼，『魯』人，秦相商君師之。鞅死佼逃入蜀。」故〔東漢〕班固（32～92）稱其爲魯人。（參閱〔東漢〕班固撰：〈藝文志第十〉，《漢書》，收入《25史》（臺北：臺灣開明書局，1934年），卷30，頁435。）尸子國籍即有三種版本：《史記》──楚人；《別錄》──晉人；《漢書》──魯人。

〔註25〕 參閱〔楚〕尸佼撰：〈發蒙〉，《尸子》（臺北：臺灣中華書局，1966年據平津館本校刊），卷上，葉8。

是以〔東漢〕許慎（58～147）《說文解字》且云：「貞，卜問也；悔，易卦之上體也。」〔註26〕其後鄭玄注《禮記》：「不貳問」〔註27〕謂之：「當正己之心，以問吉凶於蓍龜。不得於正，凶則卜筮其權也。」〔註28〕並於注解《周禮》時，直云：「問事之正，曰『貞』。」〔註29〕〔唐〕賈公彥（？）猶綜合鄭意疏解曰：

> 云「問事之正，曰貞」者，《禮記·少儀》云：「問卜筮，曰『義與』，『志與』」，注云：「義，正事也。志，私意也。」是問卜筮有不正之事，故云問事之正曰「貞」，即此《經》云「貞」者，問事之正也。
>
> 〔註30〕

故此，鄭玄結合鄭司農、許慎：「貞，問也」及〈師〉卦䷆《彖》傳：「貞，正也」，於《周易》同時存在之二義，並配合《左傳》：「內卦曰『貞』」之說，而將三者融會以注解《尚書》且謂：「內卦曰貞，貞，正也；外卦曰悔，悔之言晦也，晦，猶終也。」〔註31〕

嗣〔三國·吳〕唐固（？）亦云：「貞，正也。」〔註32〕迄〔三國·吳〕

---

〔註26〕按：《說文解字》作「𦣞」《易》卦之上體也。〔清〕段玉裁注曰：「今《尚書》《左傳》皆作『悔』，疑『𦣞』是壁中古文，孔安國以今文讀之易爲『悔』也。」（參閱〔東漢〕許慎撰，〔清〕段玉裁注：《說文解字注》（臺北：洪葉文化事業，1999 年），頁 128。）又按：《古文尚書》曰「貞」曰「𣛤」。「悔」字作「𣛤」，〔清〕馬國翰注云：「《說文》卜部，『貞』字，引《商書》古文考，引作『𢝕』。」（參閱《古文尚書》，收入〔清〕馬國翰輯：《玉函山房輯佚書》（臺北：文海出版社，1952 年），第 1 冊，卷中，頁 350。）

〔註27〕參閱〔東漢〕鄭玄注，〔唐〕孔穎達疏：〈少儀第十七〉，《禮記正義》（北京：北京大學出版社，2000 年），卷第 35，頁 1189。（以下凡有資料引自本書，均簡稱爲十三經注疏本《禮記正義》。）

〔註28〕同上註。按：此段孔穎達疏解曰：「凡卜筮之法，當正己心志而來問於蓍龜，則得吉兆，不得二心不正。若二心不正，必凶，則卜筮權時妄告。」（同上註，頁 1190。）

〔註29〕參閱十經注疏本〈天府〉，《周禮注疏》（北京：北京大學出版社，2000 年），卷第 20，頁 625。

〔註30〕同上註。

〔註31〕〔東漢〕鄭玄注，〔南宋〕王應麟輯，〔清〕孔廣林增訂：《尚書鄭注》（北京：中華書局，1985 年），頁 52。

〔註32〕參閱〔三國·吳〕唐固撰：〈晉語三〉，《春秋外傳國語唐氏注》，收入〔清〕馬國翰輯：《玉函山房輯佚書》（臺北：文海出版社，1952 年），第 5 冊，頁

韋昭（204～273）注《國語》摭賈逵、唐固之說而謂：「賈、唐云『貞，正也。』」〔註33〕且釋：「請貞於陽卜，收文武之諸侯」〔註34〕云：「貞，正也。」〔註35〕更言：「內曰貞，外曰悔」〔註36〕；杜預注《左傳》亦云：「內卦爲貞，外卦爲悔。」〔註37〕東晉初《僞孔傳》猶謂：「內卦曰貞，外卦曰悔。」〔註38〕〔唐〕孔穎達（574～648）疏解《尚書》亦言：「筮卦有二重，二體乃成一卦。曰『貞』，謂內卦也；曰『悔』，謂外卦也。」〔註39〕正義《左傳》且謂：「貞，正也。筮者先爲下體而以上卦重之，是內爲正也。〈乾〉☰之上九，稱『亢龍有悔』，從下而上，物極則悔，是外爲悔也。」〔註40〕〔唐〕張九齡（678～740）注《唐六典》亦言：「凡內卦爲貞，朝占用之；外卦爲悔，暮占用之。」〔註41〕是以至此歷代注家咸遵「內卦曰貞，貞，正也；外卦曰悔」之說，且均无疑義。

　　惟近人李鏡池（1902～1975）先生以爲，因〈乾〉卦☰《文言》抄襲《左傳》「四德」之說，致使「貞」字本義沈埋，以至訓解爲「正」字而頗有異議，執意「貞」字當訓爲「卜問」，方協其義，雖未對「內卦」之說有所意見，然愚以爲其言於此該當提出討論，以就教方家。

　　　2933。
〔註33〕參閱〔周〕左丘明撰，〔三國·吳〕韋昭注：〈晉語三〉，《國語》（臺北：臺灣中華書局，1966年據士禮居黃氏重雕本校刊），卷第9，葉1。
〔註34〕參閱〔周〕左丘明撰，〔三國·吳〕：〈吳語〉，《國語》，卷第19，葉8。
〔註35〕同上註。
〔註36〕同上註，卷第10，葉10。
〔註37〕十三經注疏本《春秋左傳正義》（北京：北京大學出版社，2000年），卷第14，頁429。
〔註38〕〔西漢〕孔安國傳：〈洪範第六〉，《尚書孔傳》，（臺北：臺灣中華書局，1966年據相臺岳氏家塾本校刊），卷第7，葉4。
〔註39〕參閱十三經注疏本〈洪範第六〉，《尚書正義》（北京：北京大學出版社，2000年），卷第12，頁373。
〔註40〕十三經注疏本《春秋左傳正義》（北京：北京大學出版社，2000年），頁430。
〔註41〕參閱〔唐〕張九齡撰：《唐六典》，收入景印《文淵閣四庫全書·史部353·職官類》（臺北：臺灣商務印書館，1984年），第595冊，卷14，頁150。

## 第二節 「四德」抄襲說之反思及貞「正」、「卜問」之探討

李鏡池先生曾言:

> 自從《文言傳》襲取了《左傳》所載穆姜的話之後,〈乾〉卦☰就有了「四德」——元、亨、利、貞——〈乾〉☰「四德」說流行之後,「貞」字之本義就沈埋了幾千年,知道的人極少極少。這實在是件奇怪的事實:許慎的《說文解字》,雖是很得人贊揚信奉的一部字典,但它說「貞,卜問也。」可是總沒人肯相信他這個說法;單瞧見了《彖傳》上「貞,正也。」一個解釋,便大家死死地拘守著,竟貫澈了二千年來《易》學家的腦髓,無人敢發生異議。直到大批的殷虛甲骨發現,卜辭中幾乎每條都用著這個「貞」字,於是「貞」的本義纔恢復。〔註42〕

李氏此段說法,愚以為有三點必須討論:

(一)李氏認為《文言傳》抄襲《左傳·襄公九年》穆姜移居東宮筮「遇〈艮〉☶之八,史曰:是謂〈艮〉☶之〈隨〉☳。」〔註43〕所釋之〈隨〉卦☳卦辭:「元亨,利貞,无咎。」〔註44〕至成今日《文言》四德之說法,有待商榷?

此問題,〔南宋〕朱震(1072~1138)曾提出看法:

> 《左氏》成公十六年,穆姜往東宮筮之,襄公二十二年孔子生,上距穆姜二十四年,穆姜之時,雖已誦〈隨〉☳彖之辭,因就〈乾〉卦☰《文言》,然其言與今《易》稍異,穆姜之言曰:『元,體之長也;亨,嘉之會也;利,義之和也;貞,事之幹也。體仁,足以長人,嘉德,足以合禮,利物,足以和義,貞固,足以幹事。』以今《易》考之,刪改者二,增益者六,則古有是言,孔子文之,為信

〔註42〕 參閱李鏡池:〈周易筮辭考〉,收入顧頡剛著:《中國古史研究》(臺北:光復書局,1985年),第3冊,頁195~196。

〔註43〕 十三經注疏本《春秋左傳正義》(北京:北京大學出版社,2000年),卷第30,頁997~998。

〔註44〕 十三經注疏本《周易正義》(北京:北京大學出版社,2000年),卷第3,頁104。

　　然矣。〔註45〕

朱氏指出，成公十六年（575B.C.），穆姜依當時〈乾〉卦☰《文言》四德說以釋〈隨〉卦☲之時，距襄公二十二年（551B.C.）孔子出世早二十四年，表示於穆姜之時即有此「四德」之論。

　　今本《文言》不謂「體之長」而言「『善』之長」〔註46〕，不稱「嘉德，足以合禮。」而曰「嘉『會』，足以合禮」〔註47〕；且增加了「者」字四字，即「元『者』、亨『者』、利『者』、義『者』」〔註48〕及體仁前加「君子」二字，而成「『君子』體仁」〔註49〕，朱氏謂之刪改者「二」──「體」→「善」；「德」→「會」，增益者「六」──四「者」及「君子」計六字，是以朱震則依此證「四德」說古已有之，且確然由孔子與之增刪作《文言》。

　　朱氏之論有二點必須思考：㊀、即「『四德』說非穆姜己創」，如此才能謂之「已誦〈隨〉☲繇之辭，因就〈乾〉卦☰《文言》」，否則《文言》抄襲自此亦有可能！㊁、朱氏依「刪改者二，增益者六」，而認定今本《文言》「四德」說，乃孔子依穆姜所述之「古《文言》」修飾而來，此論法猶甚顯草率。

　　然李鏡池先生更且不能以穆姜敘於孔子之前，即一口斷定《文言傳》「襲取」穆姜之言，因此說法，易使人以為今本《文言》「四德」之說，乃孔子所作且由穆姜之處抄襲而得，莫非李氏想法即為如此？惟其依據為何？則須有所交待，否則亦涉武斷之嫌。

　　循上而論，愚以為李氏之病則與〔清〕崔述（1740～1816）所言相類。崔述曾謂：

　　　　《易傳》必非孔子所作，而亦未必一人所為，蓋皆孔子之後通於《易》

　　　　者為之。〔註50〕

---

〔註45〕參閱〔南宋〕朱震撰：《周易叢說》，收入〔清〕徐乾學等輯，納蘭成德校刊
　　　　《通志堂經解》（臺北：大通書局，1970年），《易》第1冊，頁654。
〔註46〕十三經注疏本《周易正義》（北京：北京大學出版社，2000年），卷第1，頁
　　　　14。
〔註47〕同上註。
〔註48〕同上註。
〔註49〕同上註。
〔註50〕參閱〔清〕崔述著：《洙泗考信錄》（北京：中華書局，1985年），卷3，頁78。

崔述稱《易傳》絕非孔子所作，且亦未必一人所爲，作者咸爲孔子之後通曉
《易》學者。故言：「則《易傳》不出於孔子，而出於七十子以後之儒者無疑
也。」〔註51〕崔述以爲《易傳》不出於孔子之作，乃出於七十子以後之儒者
無疑。崔述更舉《文言》、穆姜之事以謂：

> 《春秋》襄九年《傳》，穆姜答史之言與今《文言》篇首略同而詞小
> 異。以文勢論，則於彼處爲宜；以文義論，則「元」即「首」也，
> 故謂爲「體之長」，不得遂以爲「善之長」。「會」者，「合」也，故
> 前云「嘉之會也」，後云「嘉德足以合禮」，若云「嘉會足以合禮」，
> 則于文爲複，而「嘉會」二字亦不可解。「足以長人、合禮、和義而
> 幹事，是以雖〈隨〉䷐无咎。」今刪其下二句而冠「君子」字於四
> 語之上，則與上下文義了不相蒙，然則是作《傳》者采之魯《史》
> 而失其義耳。非孔子所爲也。〔註52〕

崔氏於此雖無稱《文言》作者何人？惟已認定《文言》（含〈乾〉䷀「四德」
說），咸非孔子所作，乃魯《史》自《左傳》處抄襲而來，且已失穆姜所述本
來之文義，其與李鏡池之差別在於一者以爲孔子抄襲穆姜，一者以爲魯《史》
抄襲爾。然其持論，今有郭沂先生臚列四條逐一推翻：

> 首先，今本《文言》原由古《文言》佚文等三部分組成，故不存在
> 各部分之間文勢是否相宜的問題。第二、《文言》此處的「元」是「四
> 德」之首，與身體之「元」毫不相干故謂之「善之長」，十分合理。
> 第三、楊伯峻先生說：「合與洽通，……合禮也。合、洽二字本可通
> 用。合與洽皆合和、調協之意。」這樣，不可謂「若云『嘉會足以
> 合體』，則于文爲復。」另外，「嘉會」二字亦非不可解，它們不過
> 是上文「嘉之會」的簡稱。高亨先生說：「嘉之會猶言美之集合。」
> 第四、《文言》在分別闡述了「元、亨、利、貞」四德之後，便總而
> 言之：「君子行此四德者，故曰：『〈乾〉䷀，元、亨、利、貞』」，
> 如此則文義一貫，何可謂「與上、下文義了不相蒙」？〔註53〕

---

〔註51〕參閱〔清〕崔述著：《洙泗考信錄》（北京：中華書局，1985年），卷3，頁78。
〔註52〕同上註。
〔註53〕參閱郭沂撰：〈從早期《易傳》到孔子易說──重新檢討《易傳》成書問題〉，

郭氏考證今本〈乾文言〉計有三部分之構成:「第一、『四德說』,屬孔子之前早期《易傳》其中之一;第二、今本〈乾文言〉之二、三、四節,爲孔子兩篇佚文之一,郭氏稱其〈續乾文言〉;第三、今本〈乾文言〉之第五、六節,郭氏歸於孔子另一篇佚文〈乾、坤大義〉之中。」〔註54〕後兩部份,郭氏云:「爲孔子《易》說,它們爲孔門弟子所記錄,因而可以看作原始《論語》佚文。」〔註55〕是以根本無所謂「文勢」是否相宜之問題存在,且依楊伯峻、高亨之論,以駁崔述「會」、「合」文複之說並反詰「嘉會」〔註56〕無解之語,所言甚能針砭問題所在,頗值參考。

然郭氏謂:「『元』者與身體之『元』毫不相干,乃『四德』之首說」以駁崔述「『元』即『首』也,故謂爲『體之長』」之論,愚以爲仍有片面強辭之嫌。考崔述此說之前,〔北宋〕劉安世(1048~1125)於解門人馬永卿(?)質問:「《文言》者,眞孔子之所作乎」之疑時,有謂:

> 孔子生於襄之二十二年,當穆姜爲此言時,吾聖人未生;又《左氏》
> 以解〈隨〉卦䷐,《周易》以解〈乾〉卦䷀;又「元,體之長也。」
> 蓋謂人之元首,其義尤親切於「善之長」云。〔註57〕

劉氏言孔子生於襄公二十二年(551B.C.),穆姜筮事之時,孔子尚未出世,此其一;又《左傳》用以解〈隨〉卦䷐,然《周易》用以述〈乾〉卦䷀,二者

---

見朱伯崑主篇:《國際易學研究》(北京:華夏出版社,1997年),第3輯,頁145。
〔註54〕參閱郭沂撰:〈從早期《易傳》到孔子易說——重新檢討《易傳》成書問題〉,見朱伯崑主篇:《國際易學研究》(北京:華夏出版社,1997年),第3輯,,頁133。
〔註55〕同上註。
〔註56〕孔穎達《正義》引莊氏云:嘉,美也。言天能通暢萬物,使物嘉美之會聚,故云「嘉之會」也。孔穎達亦云:「嘉會足以合禮」者,言君子能使萬物嘉美集會,足以配合於禮,謂法天之「亨」也。(參閱十三經注疏本《周易正義》(北京:北京大學出版社,2000年),卷第1,頁15。)按:「嘉會」之解,孔氏疏之甚明,崔述一代大儒於此謂之「亦非不可解」,何如此?愚反詰曰:其言猶眞乃「不可解」也。
〔註57〕〔北宋〕馬永卿編,〔明〕王崇慶解:《元城語錄解》,收入景印《文淵閣四庫全書·子部169·雜家類》(臺北:臺灣商務印書館,1985年),第863冊,卷下,頁387。

對象有所不同，此其二；且「元」字依《左氏》文勢：「元，體之長也」，其義尤甚於〈乾〉卦☰「善之長」，此其三。故於此，劉安世訓《左氏》之「元」為「人之元首」，實依文義，誠不可謂之「毫不相干」，其「元」字適切之解，猶如〔元〕吳澄（1249～1333）於〈乾〉卦☰「元」注般之圓融，吳澄曰：

> 占也，「元」，首也。文人上為「元」，在人一身之上，為眾體之長；凡有大德，為眾善之長曰「元」；或居大位在人上，官之正長；家之宗嫡皆可曰「元」。〔註58〕

吳澄注解〈乾〉卦☰「元、亨、利、貞」之「元」字即為「首」義，包含了人體之長、大德眾善之長、上位之長、宗族之長等；眾首之義咸於其中，端視所言者為何而論。

劉安世將之列於所舉三例事之一，乃為區別穆姜所引，與今本《乾文言》：「元者，善之長也」彼此確有差異，以證所云《文言》：「其中有孔子之言，未必皆孔子之作也」〔註59〕之結論，其言與崔氏「《易傳》必非孔子所作」之說，彼此「南轅北轍」，且較朱震「孔子文之，為信然矣」之謂，更顯持平與客觀。

劉安世看法偕郭沂先生假《左傳・昭公十二年》（530B.C.）南蒯叛亂枚筮遇〈坤〉☷之〈比〉☵，所作之考證，猶俱「同歸殊塗」之結論，無受「元」字認知迥別之影響。郭氏五項之考證，說明如下：

> 其一、昭公十二年，孔子剛二十一歲，尚未「晚而喜《易》」，而子服惠伯所說的「元，善之長也」一語，與《文言》相同（只少一虛詞「者」字），這不是偶然的，肯定有所本，當本於孔子之前的古文獻。其二、文字的相同，說明子服惠伯與《文言》所根據的文獻是一致的。其三、既然它們皆與穆姜之說有異，則它們絕非采自穆姜。其四、既然《文言》第一部份為非采自穆姜而又與穆姜之說相近，說明穆姜之說亦有所本，非出自本人。這樣，穆姜所說「是於《周易》曰」之後為兩段

---

〔註58〕 參閱〔元〕吳澄撰：《易纂言》，收入嚴靈峯編輯：《無求備齋易經集成》（臺北：成文出版社，1976年據清康熙十九年通志堂原刊本影印），第35冊，頁33。

〔註59〕 〔北宋〕馬永卿編，〔明〕王崇慶解：《元城語錄解》，收入景印《文淵閣四庫全書・子部169・雜家類》（臺北：臺灣商務印書館，1985年），第863冊，卷下，頁387。

《周易》文獻，一爲〈隨〉卦䷐卦辭，一爲另一種《周易》文獻，後者所本與《文言》、子服惠伯所本當屬同一種《周易》文獻。其五、從南蒯請教子服惠伯和子服惠伯自稱「吾嘗學此矣」的情況看，子服惠伯爲《易》學專家，其所引文獻當更準確。因而，《文言》與穆姜之語的文字差異，當以前者爲是，穆姜有誤。〔註60〕

郭氏五項考證可歸納爲四點結論：（一）、子服惠伯言及「元，善之長也」〔註61〕一語，與今本《乾文言》「元『者』，善之長也」相同，僅少「者」之一字，二者所據之文獻當屬相同，況其時孔子猶僅二十一歲，尚未「晚而喜《易》」〔註62〕，故而確定子服與今本《乾文言》所引，早於孔子「喜《易》」前之古文獻。

（二）郭氏言子服與今本《乾文言》咸與穆姜之說有異，是以二者所采絕非穆姜之處而來，倘子服或今本《乾文言》抄襲穆姜之說，則至少有一者與穆姜所言不殊，結果卻非如此。

（三）郭氏以爲穆姜之言既稱：「是於《周易》曰：『〈隨〉䷐，元、亨、利、貞，无咎。』」〔註63〕且緊接稱引以解之文句：「元，體之長也。亨，嘉之會也。利，義之和也。貞，事之幹也。體仁足以長人，嘉德足以合禮，利物足以和義，貞固足以幹事。」〔註64〕雖小異於今本〈乾文言〉，惟亦非穆姜所能杜撰，仍依《周易》〈隨〉卦䷐卦辭及相關文獻而來，其相關文獻來源，推斷與子服惠伯及今本〈乾文言〉所引咸應相同。

〔註60〕 參閱郭沂撰：〈從早期《易傳》到孔子易說——重新檢討《易傳》成書問題〉，見朱伯崑主篇：《國際易學研究》（北京：華夏出版社，1997年），第3輯，頁146。

〔註61〕 南蒯枚筮之，遇〈坤〉䷁之〈比〉䷇，曰：「黃裳，元吉。」以爲大吉也。示子服惠伯曰：「即欲有事，何如？惠伯曰：『吾嘗學此矣。……「元，善之長也。」（參閱十三經注疏本《春秋左傳正義》（北京：北京大學出版社，2000年），卷第45，頁1497～1498。）

〔註62〕〈孔子世家〉：「孔子晚而喜《易》，序、〈彖〉、〈繫〉、〈象〉、〈說卦〉，讀《易》韋編三絕曰：『假我數年，若是我於《易》，則彬彬矣。』」（參閱〔西漢〕司馬遷撰：〈孔子世家第十七〉，《史記》，收入《25史》（臺北：臺灣開明書店，1934年），卷47，頁163。）

〔註63〕 參閱十三經注疏本《春秋左傳正義》（北京：北京大學出版社，2000年），卷第30，頁998。

〔註64〕 同上註。

（四）郭氏更以南蒯請教子服惠伯惟子服自云：「吾嘗學此矣」，而斷以
子服惠伯為《易》學專家，所引文獻當更為準確，據而論之今本《乾文言》
與穆姜之間，應以《乾文言》（猶子服惠伯）為是，而穆姜有誤。

郭氏基此四點且更依子服惠伯、穆姜所引文獻，「在今本之《易傳》裏稱：
『《文言》曰』」〔註65〕以「第二人稱」文詞用語紀載，據以斷定該文獻乃為
孔子之前成書之《文言》佚文。〔註66〕更因今本《文言》他處載有孔子之語
故，從而推論「其最後成書在孔子之後」〔註67〕。

郭氏第（一）點結論，可謂已推翻朱震前所謂：「孔子文之，為信然矣」
之論述，且第（二）點推論，亦足以否定李鏡池先生所云：「《文言傳》襲取
《左傳》所載穆姜言語」之說法。然第（三）點之看法，愚則以為似過於牽
強。雖可證子服惠伯及今本《乾文言》非抄襲穆姜之說勉能成立，惟亦無法
因此證明穆姜之言非出於己創，畢竟穆姜之論，早出子服惠伯四十五年，此
乃不爭之事實，故此點愚仍持保留之態度。

至於郭氏第（四）點說法，愚則另有想像。之所以二者有「善」——
「體」；「會」——「德」文字之差異，或有兩種可能：1、此乃穆姜己創，
非引相關文獻之說，惟此亦不影響子服、今本《乾文言》非抄襲其言之推
定。2、誠如郭氏所論般，穆姜與子服惠伯、今本《乾文言》咸引相同文獻，
然抑因穆姜所處時空之故，當下為抒其情，而就己意，自行更改文字，是
以恐實非穆姜有誤，此可由穆姜稱引兩段《周易》文獻後尚慨言以下之陳
述或見端倪：

> 今我婦人，而與於亂，固在下位，而有不仁，不可謂「元」；不靖國
> 家，不可謂「亨」；作而害身，不可謂「利」；弃位而姣，不可謂「貞」。
> 有「四德」者，〈隨〉 ䷐ 而無咎。我皆無之，豈〈隨〉 ䷐ 也哉？我
> 則取惡，能無咎乎？必死於此，弗得出矣！〔註68〕

〔註65〕 參閱郭沂撰：〈從早期《易傳》到孔子易說——重新檢討《易傳》成書問題〉，見
朱伯崑主篇：《國際易學研究》（北京：華夏出版社，1997 年），第 3 輯，頁 146。
〔註66〕 同上註。
〔註67〕 同上註，頁 145。
〔註68〕 參閱十三經注疏本《春秋左傳正義》（北京：北京大學出版社，2000 年），卷
第 30，頁 999。

穆姜於其所引「周易曰……」兩段文辭後，即依所稱逐字配合處境抒發情懷，做出此般之陳述。故此，郭氏之云：「當以前者爲是，穆姜有誤」之論定，愚則感稍嫌苛刻，似未逮乎情、理，此又與〔明〕王崇慶（1484～1565）於解劉安世之言時所謂：「然既曰《周易》以解〈乾〉卦䷀，當以文王爲是，《左氏》以解〈隨〉卦䷐恐非」〔註69〕之病相類矣！

綜合郭氏之論，愚以爲今本《乾文言》非抄襲穆姜之說，且〈乾〉卦䷀「四德」之論早於孔子年代，其勢甚明，然倘依郭氏所謂：「在今本之《易傳》裏稱：『《文言》曰』」，即據以視爲孔子之前成書之《文言》佚文，此因穆姜是否「己論」抑「援引」未得確切證實前，尙無能推定、驟下斷語；惟今本《文言》之中，因載有孔子相關語錄，是以其成書應於孔子之後，乃屬鮮明無爭之事實，是以劉安世之謂：「其中有孔子之言，未必皆孔子之作也」則更顯合理。

觀之〔清〕馬國翰（(1794～1857）曾云：「馬永卿《元城語錄》亦據此，以爲《文言》未必皆孔子之作，均誤矣」〔註 70〕之說，恐將與朱震、崔述、李鏡池等，咸歸相比之類爾。

（二）李先生云：「『貞』字於出土殷虛甲骨卜辭，幾乎每條所用之義，皆爲『問』意，而謂此乃『貞』字本義。」此說，愚以爲尙待討論。

1、考出土殷墟甲骨，其中之「貞」字，訓爲「卜問」之義，原可理解，諸如：「癸巳卜，爭貞：今一月雨？王固曰：丙雨。一、二、三；癸巳卜，爭貞：今一月不其雨？一、二、三；旬壬寅雨。甲辰亦雨。」〔註71〕及「丙辰卜，㱿貞：其𢦔羌？一·貞：于庚申伐羌？一·貞：𢦔羌？二·貞：庚申伐羌？二·貞：𢦔羌？三·亖、二告、五·貞：庚申伐羌？三·亖、二告、五·」〔註72〕等兩片龜甲，依「爭」〔註73〕、「㱿」〔註74〕二字均爲武丁時貞人名，對照董作賓先生（1895～1963）

〔註69〕〔北宋〕馬永卿編，〔明〕王崇慶解：《元城語錄解》，收入景印《文淵閣四庫全書·子部169·雜家類》（臺北：臺灣商務印書館，1985年），第863冊，卷下，頁387。

〔註70〕參閱〔清〕馬國翰著：《目耕帖》，收入《玉函山房輯佚書》（臺北：文海出版社，1952年），第5冊，頁2972。

〔註71〕參閱劉翔等編著，李學勤審訂：〈殷墟甲骨刻辭〉，《商周古文字讀本》（北京：語文出版社，2002年），頁10。

〔註72〕同上註，頁23。

〔註73〕同上註，頁10。

〔註74〕董作賓先生著：《甲骨文斷代研究例》（臺北：中央研究院歷史語言研究所，

殷墟甲骨五期斷代之區分：「第一期——武丁及其以前（盤庚、小辛、小乙）；
第二期——祖庚、祖甲；第三期——廩辛、康丁；第四期——武乙、文丁；
第五期——帝乙、帝辛」〔註 75〕，咸知皆屬第一期殷墟甲骨，〔註 76〕其上卜
辭之「貞」字即訓為「卜問」之意，〔註 77〕且如：「己亥卜，行貞：王窚小乙，
召，亡尤？才十一月；孔亥卜，行貞，王窚，叔，亡囚？丁丑卜，行貞：王窚
父丁，召，亡尤？丁丑卜，行貞：王窚，叔，亡尤？己卯卜，行貞：王窚兄己，
召，亡尤？己卯卜，行貞：王窚，叔，亡尤？庚 辰卜，行貞：王窚兄庚，囹，
亡尤？」〔註 78〕本片「行」字乃祖甲時貞人名，〔註 79〕依此可斷定該卜辭時
代為殷商甲骨第二期，〔註 80〕卜辭中之「貞」字亦訓為「卜問」，〔註 81〕餘各
期龜甲卜辭幾皆如此；然出土之龜卜豈真無「正」字者？不然！例如：

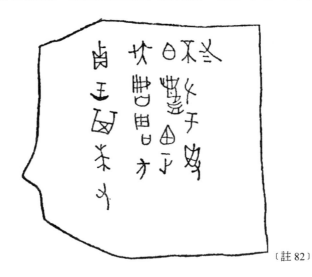

〔註 82〕

---

1965 年），頁 28。
〔註 75〕董作賓先生著：《甲骨文斷代研究例》（臺北：中央研究院歷史語言研究所，
　　　　1965 年），，頁 2。
〔註 76〕劉翔等編著，李學勤審訂：〈殷墟甲骨刻辭〉，《商周古文字讀本》，頁 10、23。
〔註 77〕同上註。
〔註 78〕同上註，頁 28。
〔註 79〕董作賓先生著：《甲骨文斷代研究例》（臺北：中央研究院歷史語言研究所，
　　　　1965 年），頁 29。
〔註 80〕參閱劉翔等編著，李學勤審訂：〈殷墟甲骨刻辭〉，《商周古文字讀本》，頁 28。
〔註 81〕同上註，頁 29。
〔註 82〕陳全方著：〈陝西岐山鳳雛村西周甲骨文概論〉，見《四川大學學報叢刊》《古
　　　　文字研究論文集》（成都：四川大學學報編輯部，1982 年），第 10 輯，頁 392。

本片卜辭依劉翔等人釐定:「貞,王其✦又大甲,晉周方白,盍。凶正,不ナ于受又=。」〔註83〕其「王」字,王宇信先生曾引范祥雍輯校之言:「帝乙二年,周人伐商」〔註84〕乙事,據以推測可能:「因此商人對周人反擊,才將『晉周方伯』之事進行占卜並記錄下來。因而此片中的王,很可能爲帝乙。」〔註85〕劉翔等人且於訓解「周方伯」時謂之:「周,殷之方國名。白,『伯』之初文。周方伯,周國君長。經籍記載殷帝乙、帝辛時期周國君長爲文王姬昌,殷人稱之西伯。」〔註86〕陳全方先生亦云:「伯,則是殷王帝乙給周王之封號。」〔註87〕是以據諸家所言,則推定此龜甲當屬第五期卜辭。劉翔等人訓解全意爲:「問:王✦祭侑祭大甲,祝告周方伯,使用薈這種祭品。可以貞問,會得助于神靈與受到保祐吧。」〔註88〕

由劉氏等人之訓釋可知,此卜辭之「正」即解爲「貞」亦即「貞問」之意,惟依愚之見,「凶」字倘遵李學勤先生云應訓讀爲「思或斯」〔註89〕則據〔清〕王引之(1766～1834)所言:「斯猶『其』也。」〔註90〕並謂:「其,猶『尙』也;『庶幾』也。」〔註91〕且參《爾雅》云:「庶,『幸』也。」〔註

---

〔註83〕 參閱劉翔等編著,李學勤審訂:〈殷墟甲骨刻辭〉,《商周古文字讀本》(北京:語文出版社,2002 年),頁 66。

〔註84〕 參閱范祥雍編:〈帝乙〉,《古本竹書紀年輯校訂補》(上海:上海人民出版社,1962 年),頁 23。

〔註85〕 參閱王宇信先生著:〈再論西周甲骨分期〉,《西周甲骨探論》(臺南:成功大學館藏本,出版項不詳)第 4 篇,頁 212。

〔註86〕 同註 83。

〔註87〕 參閱陳全方著:〈陝西岐山鳳雛村西周甲骨文概論〉,見《四川大學學報叢刊》《古文字研究論文集》(成都:四川大學學報編輯部,1982 年),第 10 輯,頁 327～328。

〔註88〕 同註 83,頁 67。

〔註89〕 李學勤先生謂:「西周卜辭中『⊕』字最多見,我們已指出此字不是『重』(惠)或「廼」,應釋爲『凶』,讀爲『思』或『斯』。」參閱李學勤著:〈續論西周甲骨〉,收入《西周史研究》(人文雜志叢刊第二輯)(西安:人文雜志社編輯部,1984 年),頁 71。

〔註90〕 參閱〔清〕王引之著:〈詞八·斯〉,《經傳釋詞》,收入《續修四庫全書·經部·小學類》(上海:上海古籍出版社,1995 年據復旦大學圖書館藏〔清〕嘉慶 24 年刻本影印),第 195 冊,卷 8,頁 603。

〔註91〕 〔清〕王引之著:〈詞五·其〉,《經傳釋詞》,收入《續修四庫全書·經部·小學類》(上海:上海古籍出版社,1995 年據復旦大學圖書館藏〔清〕嘉慶

92〕楊樹達先生（1885～1956）言：「幾，（外動詞），『幸』也，『冀』也。與口語『希望』同，讀去聲。」〔註93〕更且袁梅注《小雅·車舝》：「雖無旨酒，式飲庶幾；雖無嘉殽，式食庶幾。」〔註94〕謂之：「庶幾：幸。此表希望之詞。」〔註95〕故「囟」猶「庶幾」，可訓爲「希望、但願」，是以「囟正」解爲「希望獲得吉祥之結果」，其「正」字訓爲「吉祥，平和安祥之兆」亦無損全句之連貫通順與理解，因此本片卜辭釋爲：「問：王▇祭侑祭大甲，祝告周方伯，使用𪟝這種祭品，希望能有吉兆，可得助于神靈受其保祐。」愚以爲非以貞問而直引「吉兆」訓「正」當無不可。咸此卜辭相類者，更舉一例，以明「正」、「貞」二字古即通假之證：

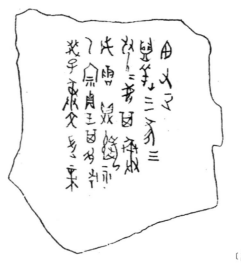

〔註96〕

---

　　24年刻本影印），第195冊，卷5，頁577。

〔註92〕　參閱〔東晉〕郭璞注，〔明〕葉自本糾譌，〔清〕陳趙鵠重校：〈釋言第二〉，《爾雅》（北京：中華書局，1985年），卷上，頁17。

〔註93〕　參閱楊樹達著：〈幾〉，《詞詮》（臺北：臺灣商務印書館，1987年），卷4，頁1。

〔註94〕　參閱〔西漢〕毛亨傳，〔東漢〕鄭玄箋，〔唐〕孔穎達疏：〈小雅·車舝〉，《毛詩正義》（北京：北京大學出版社，2000年），卷第14，頁1021（按：以下有相關資料援引者，簡稱十三經注疏本《毛詩正義》）。

〔註95〕　參閱袁梅著：〈小雅·車舝〉，《詩經譯注》（濟南：齊魯書社，1985年），頁659。

〔註96〕　陳全方著：〈陝西岐山鳳雛村西周甲骨文概論〉，見《四川大學學報叢刊》《古文字研究論文集》（成都：四川大學學報編輯部，1982年），第10輯，頁381。

本片卜辭劉翔等人釐定為：「癸巳，彝文武帝乙宗。貞：王其卹祭成唐。鼎：禦，及二母，其彝血牡三豚三，凶又正。」〔註97〕劉翔等人考證年代謂之：「文武帝乙：『殷王帝乙、帝辛之父。』……據此可知本片時代屬帝辛時期。』〔註98〕故而卜辭乃屬殷墟甲骨第五期時代，亦即商末周初之時。

其全意，劉翔等先生釋之：「癸巳日，在文武帝乙的宗廟舉行彝祭。問：『王隆重地祭祀成湯。』問：『舉行禦祭，用兩個及國的女性人牲，彝祭的牲血用三頭公羊、三頭小豬，可以貞問吧。』」〔註99〕此卜辭之「正」亦通假「貞」訓為「卜問」，其中之「鼎」字猶通「貞」，訓為「問」。〔註100〕本卜辭「又」字通「有」，〔註101〕更循前例，全辭倘釋為：「癸巳日，在文武帝乙之宗廟舉行彝祭。問：『王隆重地祭祀成湯。』問：『舉行禦祭，用兩位及國之女性人牲，彝祭之牲血用三頭公羊、三頭小豬，祈望能有吉兆』。」如此全句，愚以為無損原意，猶當一解。李學勤先生曾言：

> 需要注意的是，西周卜辭的「貞」字都是從「卜」的『貞』，不象殷墟甲骨那樣一般以「鼎」為「貞」。……「貞」字在辭末，當訓為「正」，這在殷墟卜辭中也是沒有見過的。〔註102〕

由帝乙、帝辛時期兩片龜甲卜辭及李氏之考證，足見最遲至商末周初之際，「貞」、「正」通假訓為「卜問」、「正固、吉兆」之意業已存在。「鼎」、「貞」相通亦作「問」解，此例僅屬殷墟卜辭才有，惟於商末周初之時尚有混用情形，此由帝辛時期之龜甲卜辭可見一斑；且至周初，卜辭之「貞」字倘居辭末，則當訓為「正」，與殷墟卜辭「貞」字未居辭末之情形有所不同，是以李氏云於殷墟卜辭從所未見。

〔註97〕參閱劉翔等編著，李學勤審訂：〈殷墟甲骨刻辭〉，《商周古文字讀本》（北京：語文出版社，2002 年），頁 67。
〔註98〕同上註。
〔註99〕同上註，頁 68。
〔註100〕同上註。
〔註101〕同上註。
〔註102〕參閱李學勤著：〈續論西周甲骨〉，收入《西周史研究》（人文雜志叢刊第二輯）（西安：人文雜志社編輯部，1984 年），頁 70。

　　據此，愚以爲至周初之時，「貞」之訓爲「正」，須釋爲「卜問」、或「正固、祥兆」之意，猶端視其於卜辭所居之位置，尚觀全句辭意而定，誠如帝乙、帝辛龜甲之「正」字居卜辭之尾，且訓爲「卜問」猶可釋爲「吉兆」一般，陳全方先生曾云：「根據漢字一字多義的規律，其恰確含義應據文義而定」〔註103〕此說可謂一矢中的，分毫不差。

　　裴學海（1899～1970）《古書虛字集釋》且言：「『鼎』與『正』字，古皆讀若『丁』，故『鼎』得訓『正』。籀文以『鼎』爲『貞』。……是『正』、『貞』、『丁』古亦皆同音通用。」〔註104〕故此足見「鼎」、「貞」、「正」三字，於殷墟卜辭之中確實存有通假之證，惟至周初僅存「貞」、「正」二字使用。李學勤先生又謂：

> 「王」字都作「王」，與殷墟黃組卜辭即董氏第五期卜辭一致。這幾片的字都刻得小如粟米。一望而知與其他不同，從性質來説，它們都是王辭卜，他們的卜法是周人系統的，又有兩片提到「方伯」，所以我們還是把它們劃爲周的卜辭。〔註105〕

李氏云：「王」字咸作「王」解，與董作賓先生第五期卜辭一致。且字辭刻得小如粟米，從性質言，都是王辭卜，本文所舉帝乙、帝辛龜甲亦歸其所言之例，〔註106〕且因有提及「方伯」字句（本文帝乙片即爲其一），是以李氏將其歸納爲西周卜辭。王宇信先生曾言：

> 西周甲骨上的文字一般都很少，而且字跡纖小，需要放大幾倍才能辨識清楚。不僅周原，而且遠離周原的北京昌平有字西周甲骨也是如此。〔註107〕

---

〔註103〕陳全方著：〈陝西岐山鳳雛村西周甲骨文概論〉，見《四川大學學報叢刊》《古文字研究論文集》（四川：四川大學學報編輯部，1982年），第10輯，頁309。

〔註104〕參閱裴學海著：〈鼎、單、坦、戰〉，《古書虛字集釋》（臺北：廣文書局，1962年），卷6，頁456。

〔註105〕參閱李學勤著：〈續論西周甲骨〉，收入《西周史研究》（人文雜志叢刊第二輯）（西安：人文雜志社編輯部，1984年），頁72。

〔註106〕按：李氏言：「這批卜甲中屬於商代末年的，至少有以下四片……」，其中本文所舉殷帝乙、帝辛兩片龜甲即屬其中兩片。（參閱李學勤著：〈續論西周甲骨〉，收入《西周史研究》（人文雜志叢刊第二輯），頁71。）

〔註107〕參閱王宇信著：〈甲骨學研究的一門新分支學科──西周甲骨學的形成〉，《甲

陳夢家先生（1911～1966）亦云：「殷人遺址可以有殷代物，也可以有西周初物」〔註108〕，是以觀李、王、陳氏之論，可見本文所舉兩片出土之帝乙、帝辛時期龜甲，當屬西周初年周人卜辭，王宇信先生且言：

> 雖然西周甲骨形成了自己的特徵，但與殷墟甲骨還是一脈相承的。
>
> 〔註109〕

是以「貞」、「正」乃至「鼎」字互爲通假，自有其歷史脈絡與傳衍淵源，李學勤先生更且考證謂之：

> 「正」、「有正」和「當」三者意義相同，殷墟黃組卜辭辭末也常有
> 「正」或「有正」。古代「貞」、「正」二字相通假，所以洪洞坊堆
> 卜骨辭尾的「貞」〔註110〕也就是「正」，恰與《周易》文例相合。
>
> 〔註111〕

李氏於此強調「正」、「有正」、「當」字三者意義相同，並言黃組卜辭辭末亦常有 「正」或「有正」，同時指出古代「貞」、「正」二字相通假，並舉山西洪洞坊堆出土之卜骨爲例：

---

骨學通論》（北京：中國社會科學出版社，1989 年），第 13 章，頁 393～394。

〔註108〕 參閱陳夢家先生著：〈解放後甲骨的新資料和整理研究〉，收入《文物參考資料》（北京：中央人民政府文化部社會文化事業管理局，1954 年），第 5 期，頁 6～7。

〔註109〕 王宇信著：〈甲骨學研究的一門新分支學科——西周甲骨學的形成〉，《甲骨學通論》，第 13 章，頁 397。

〔註110〕 按：「『坊堆遺址』位於山西省洪洞縣城東北 7.5 公里坊堆村。1954 年試掘時，遺址南北長 210 米，東西寬 72 米；北、西兩面高出地平面 1～2 米，南、東兩面與現在之地面相平，在遺址中部偏西發掘清理西周墓葬 18 座。出土器物有陶器、銅器、玉器、蚌貝器等；陶器有夾砂灰陶、細繩紋鬲；銅器有鼎、簋、甗、戈、銅魚；玉器有璜、環等。另外遺址中西部出土之一鼎器口沿下內壁有銘文「父乙」。坊堆村出土了卜骨，其中一片刻有一條卜辭，共 8 個字，卜辭釋文爲『化宮□三止又疾貞。』這是西周甲骨文在國內首次發現。」（參考「山西省文物局」http://www.sxcr.gov.cn/wmsx/show.php?itemid=1405；並參閱山西省文物管理委員會：〈山西洪趙縣坊堆村古遺址墓群清理簡報〉，收入《文物參考資料》（北京：文化部社會文化事業管理局，1955 年），第 4 期，頁 46～54。）

〔註111〕 參閱李學勤著：〈續論西周甲骨〉，收入《西周史研究》（人文雜志叢刊第二輯）（西安：人文雜志社編輯部，1984 年），頁 71。

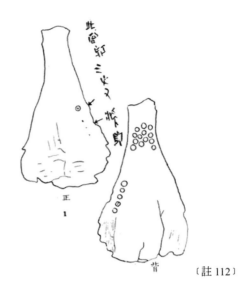

〔註112〕

其卜辭：「化宮□三止又疾貞」〔註113〕，李學勤言：「第三字不清晰，可能是
『鼎』字。『化宮鼎』應是人名。『三止又疾』即『三趾有疾』。『貞』即問。」
〔註114〕李氏訓「貞」爲「問」，且釋爲「正」，謂「貞」、「正」解以「卜問」
之意，恰與《周易》卦、爻辭文例相合，故而譯該辭爲：「化宮鼎的三趾有病，
所以卜問。」〔註115〕

　　愚以爲，依李氏所云洪洞坊堆卜骨辭尾之「貞」字訓「正」解「卜問」，
與帝辛龜甲卜辭尾之「正」字，釋「貞問」猶解「吉兆」相比較，更顯「貞」、
「正」二字之通假，自殷至周依然未變，已爲定律，李學勤先生曾言：

　　按子思著《中庸》，引孔子的話說：「今天下車同軌，書同文，行同
　　倫」，是春秋晚期文字尚能維持大體一致，至戰國時歧異始形顯著，
　　爲一大變。秦兼并六國，以秦文字爲標准，「罷其不與秦文合者」，

---

〔註112〕參閱王宇信著：〈西周甲骨摹聚〉，《西周甲骨探論》（臺南：成功大學館藏本，
　　　　出版項不詳），第 6 篇，頁 284。

〔註113〕李學勤先生謂：「在這一辭中沒有記出所問的話（有沒有危險，病會不會痊癒
　　　　等），這是和殷代卜辭完全不同的。」（參閱李學勤先生著：〈談安陽小屯以外
　　　　出土的有字甲骨〉，收入《文物參考資料》（北京：中國古典藝術出版社，1956
　　　　年），第 11 期，頁 17。）

〔註114〕同上註

〔註115〕同上註。

又為一大變。由此看來，戰國文字在中國文字演變史上自成段落，

應當專門加以研究。〔註116〕

李氏依子思著《中庸》引孔子所言，推斷至春秋晚期之文字仍循商末周初一貫衍傳，尚存「書同文」之勢，然至戰國始分歧異，迄秦滅六國統一天下，且「罷其不與秦文合者」，則於文字使用又為一大變。故戰國文字於中國文字之演變惟自成段落，何琳儀先生曾言：「殷商文字、兩周文字、戰國文字，是古文字發展史中三個重要階段。」〔註117〕是以下文即針對出土戰國簡牘，與不受秦焚之《周易》爻辭比較，乃至爾後之「貞」、「正」二字，其通假互用有否變異且加以討論。

　　2、觀察出土「王家臺秦簡《易》占」釋文中有「貞」字者計四條：「㊀䷯〈井〉曰：昔者夏后启貞卜；㊁䷰〈曜〉曰：昔者殷王貞卜亓□尚毋有咎；㊂䷴〈漸〉曰：昔者殷王貞卜亓邦尚毋有咎而攴占巫咸，巫咸占之曰：不吉。不漸于；㊃䷒〈蚤〉曰：昔者殷王貞卜亓邦尚毋有咎而攴占巫咸，巫咸占之曰：不吉。蚤亓席，投之粲。蚤在北為犰□。」〔註118〕此四例「貞」字就字面解釋，均訓為「卜問」之意，與李鏡池先生所述相符。

　　惟再觀出土包山楚簡六條筮占節錄之文：「㊀占之，恒貞吉，少有憂于躬身，且爵立遲踐。」㊁占之，恒貞吉，少有憂于躬身與宮室，且外不訓。㊂占之，恒貞吉，少有憂于宮室。以其故敓□之。㊃占之，恒貞吉，少有憂于宮室。以其故敓之。㊄占之，恒貞吉，疾變，又逐，遞阻，毋有祟。㊅占之，恒貞吉。疾變，病變。以其故敓之。」〔註119〕試問，此六條例之「貞」字是解為「卜問」較恰當？抑訓為「正」意才合理？愚以為當釋為「正」字，恰合語意。

---

〔註116〕參閱何儀琳著：〈序言〉，《戰國文字通論訂補》（南京：江蘇教育出版社，2003年），頁1。

〔註117〕參閱何儀琳著：〈餘論〉，《戰國文字通論》（北京：中華書局，1989年），頁294。

〔註118〕參閱朱興國著：〈王家臺秦墓竹簡《歸藏》注釋〉，《三易通義》（濟南：齊魯書社，2006年），頁285，292，298，300。

〔註119〕參閱于茀：〈包山楚簡中的數字卦〉，《北方論叢》2005年第2期，頁3。

　　再任舉《周易》數例：〈比〉卦䷇六二：「比之自內，貞吉。」〔註 120〕〔北宋〕程頤（1033～1107）傳曰：「己以得君道合而進，乃得正而吉也。」〔註 121〕〈豫〉卦䷏六二：「介于石，不終日，貞吉。」〔註 122〕孔穎達疏曰：「然見幾之速，不待終竟一日，去惡修善，恒守正得吉也。」〔註 123〕程頤傳云：「二以中正自守，其介如石，其去之速，不俟終日，故貞正而吉也。」〔註 124〕

　　〈頤〉卦䷚卦辭：「貞吉。觀〈頤〉䷚，自求口實。」〔註 125〕孔穎達疏曰：「『頤貞吉』者，於頤養之世，養此貞正，則得吉也。」〔註 126〕〔三國・吳〕虞翻（164～233）謂：「〈晉〉䷢四之初，與〈大過〉䷛旁通，養正則吉。」〔註 127〕程頤傳云：「〈頤〉䷚之道，以正則吉也。」〔註 128〕又曰：「貞吉，所養者正則吉也。」〔註 129〕

　　〈離〉卦䷝卦辭：「利貞，亨，畜牝牛，吉。」〔註 130〕〔三國・魏〕王弼（226～249）注：「〈離〉䷝之為卦，以柔為正，故必貞而後乃亨，故曰『利貞亨』也。」〔註 131〕孔穎達疏：「『利貞亨』者，離卦䷝之體，陰柔為主，柔則近於不正，不正則不亨通，故利在行正，乃得亨通。」〔註 132〕

---

〔註 120〕十三經注疏本《周易正義》（北京：北京大學出版社，2000 年），卷第 2，頁 66。

〔註 121〕〔北宋〕程頤撰：《周易程氏傳》，收入嚴靈峯編輯：《無求備齋易經集成》（臺北：成文出版社，1976 年據清光緒十年「古逸叢書」景元至正九年積德堂刊本影印），第 15 冊，頁 58。

〔註 122〕同註 120，頁 101。

〔註 123〕同上註。

〔註 124〕〔北宋〕程頤撰：《周易程氏傳》，收入嚴靈峯編輯：《無求備齋易經集成》第 15 冊，頁 91。

〔註 125〕同註 122，卷第 3，頁 143。

〔註 126〕同上註。

〔註 127〕〔唐〕李鼎祚輯：《周易集解》，收入嚴靈峯編輯：《無求備齋易經集成》（臺北：成文出版社，1976 年據〔清〕乾隆二十一年雅雨堂刊本影印），第 9 冊，卷 6，頁 297。

〔註 128〕同註 124，頁 135。

〔註 129〕同上註

〔註 130〕同註 120，卷第 3，頁 157。

〔註 131〕同上註。

〔註 132〕同上註。

程頤傳：「人之所麗，利於貞正，得其正則可以亨通，故曰〈離〉☲利貞亨。」
〔註133〕

　　〈咸〉卦☶卦辭：「亨，利貞，取女吉。」〔註134〕孔穎達疏云：「『既相感應，乃得亨通。若以邪道相通，則凶害斯及，故利在貞正。』」〔註135〕程頤傳曰：「利貞，相感之道，利在於正也，不以正則入於惡矣。」〔註136〕〔三國·魏〕王肅（195～256）謂：「通義正，取女之所以爲吉也。」〔註137〕

　　〈恒〉卦☳六五：「恆其德，貞，婦人吉，夫子凶。」〔註138〕王弼云：「居得尊位，爲恒之主，不能『制義』，而係應在二，用心專貞，從唱而已。」〔註139〕孔穎達疏：「六五係應在二，不能傍及他人，是恒常貞一其德，故曰『恒其德貞』也。」〔註140〕程頤傳曰：「夫以順從爲恆者，婦人之道，在婦人則爲貞，故吉，若丈夫而以順從於人爲恆，則失其剛陽之正，乃凶也。」
〔註141〕

　　〈家人〉卦☲卦辭：「家人，利女貞。」王弼注：「其正在家內而已。」
〔註142〕孔穎達疏：「『利女貞』者，即修家內之道，不能知家外他人之事。」
〔註143〕《象傳》亦明言：「〈家人〉☲，女正位乎內，男正位乎外。男女正，天地之大義也。」〔註144〕〔東漢〕馬融（79～166）曰：「〈家人〉☲以女爲

〔註133〕〔北宋〕程頤撰：《周易程氏傳》，收入嚴靈峯編輯：《無求備齋易經集成》（臺北：成文出版社，1976年據清光緒十年「古逸叢書」景元至正九年積德堂刊本影印），第15冊，頁149。
〔註134〕十三經注疏本《周易正義》（北京：北京大學出版社，2000年），卷第4，頁163。
〔註135〕同上註。
〔註136〕同註133，頁153。
〔註137〕〔唐〕李鼎祚輯：《周易集解》，收入嚴靈峯編輯：《無求備齋易經集成》（臺北：成文出版社，1976年據〔清〕乾隆二十一年雅雨堂刊本影印），第9冊，卷7，頁335。
〔註138〕同註134，頁170。
〔註139〕同上註。
〔註140〕同上註。
〔註141〕同註133，頁162。
〔註142〕同註134，頁185。
〔註143〕同上註。
〔註144〕同上註。

奧主，長女、中女各得其正，故特曰『利女貞』矣。」〔註145〕程頤傳云：「〈家人〉☲☴之道，利在女正，女正則家道正矣。」〔註146〕

〈艮〉卦☶☶初六：「艮其趾，无咎，利永貞。」〔註147〕孔穎達疏曰：「行則有咎，止則不失其正，釋所以『利永貞』。」〔註148〕程傳云：「故方止之初，戒以利在常永貞固，則不失止之道也。」〔註149〕

上列《周易》諸條文中之「貞」字，且釋爲「正」字較佳，抑「卜問」較妥？依愚之見，各家所訓「正、固」之意甚得其髓。《周易》上、下兩經，類此者族繁，然相對李鏡池先生所提，適合訓解爲「卜問」之例者，〔註150〕毋可諱言亦所在多有，惟訓爲「問」抑解爲「正」，愚以爲端視斷句并配合整句語意以決定之，誠如王家臺秦簡暨包山楚簡咸皆戰國材料，其有「卜問」之訓，猶有「正」字之解，好比《周易》〈師〉卦☷☵：「貞，丈人吉，无咎。」抑或「貞丈人，吉，无咎」一般，兩者本質之解釋，依然相爲表裏，無所謂「對」與「不對」之區別，其餘諸例，均此類比，無復贅述。是以李先生謂：「若依『貞』爲『正』的訓詁，則《易》文中有『貞』字的地方，便處處解不通」〔註151〕之語，套以上述諸例，則愚適反詰：「倘處處以『問』解，還真乃處處解不通。」

再觀湖南長沙馬王堆出土之帛書《老子乙》本（隸書）經文：「侯王得一以爲天下『正』」〔註152〕比較今本〔戰國〕河上公（？）所注《老子》相同經

---

〔註145〕〔唐〕李鼎祚輯：《周易集解》，收入嚴靈峯編輯：《無求備齋易經集成》第9冊（臺北：成文出版社，1976年據〔清〕乾隆二十一年雅雨堂刊本影印），卷8，頁381。

〔註146〕〔北宋〕程頤撰：《周易程氏傳》，收入嚴靈峯編輯：《無求備齋易經集成》第15冊，頁180。

〔註147〕十三經注疏本《周易正義》（北京：北京大學出版社，2000年），卷第5，頁251。

〔註148〕同上註。

〔註149〕同註146，頁255。

〔註150〕參閱李鏡池：〈周易筮辭考〉，收入顧頡剛著：《中國古史研究》（臺北：光復書局，1985年），第3冊，頁196～200。

〔註151〕同上註，頁201。

〔註152〕參閱嚴靈峯撰：〈老子乙本釋文〉，《馬王堆帛書老子試探》，收入嚴靈峯編輯：《無求備齋老列莊三子集成補編》（臺北：成文出版社，1982年），第8冊，

文：「**侯**王得一以天下爲『正』」〔註153〕此二者堪稱今日所存《老子》之古本，
據嚴靈峯先生所云：「帛書《老子甲》（篆書）、《乙》（隸書）本鈔寫年代在兩
千一百餘年之前，是歷史上所保留珍貴古物，自無疑義。」〔註154〕且言：「……
據此，則秦時小篆、隸書業已並行。則此兩本書寫年代，提到漢代以前，頗
有可能。」〔註155〕更謂：

> 覈之〔唐〕天寶十年（751B.C.）敦煌寫本末注：「《道經》卅七章、
> 《德經》卅四章。〈太極左仙公序〉**係**師定《河上眞人章句》」，並現
> 存注本前有：「左仙公葛玄撰序。」《漢書‧藝文志》雖未著錄，此
> 書成於葛玄之前當無疑義。〔註156〕

是以綜合嚴氏之言可知，至遲洎秦漢以迄〔三國‧吳〕葛玄（164～244）之
前古本《老子》，此條經文「侯王得一以爲天下『正』」、「侯王得一以天下爲
『正』」未有多少更動，二者僅「爲」字易位耳。

然再依嚴靈峯考證所言：

> 劉向既奉昭：「校諸子」並自著「說《老子》四篇」，則向校讐《老
> 子》之說當屬可信。則現行河上公章句、王弼《老子注》……皆分
> 上、下二篇，八十一章，與向所校定者並同。〔註157〕

王弼《老子注》既如嚴氏所稱與劉向校定者不殊，則今王弼傳本，猶如嚴氏
之云：「此就河上丈人流傳之本而推論者」〔註158〕，則亦屬古本無疑。

---

　　　　頁153。按：此段經文於帛書《老子甲》本缺佚，今以《乙本》爲例。
〔註153〕參閱〔戰國〕河上公注：〈老子德經下‧河上公章句第三‧法本第三十九〉，《老
　　　　子道德經》，見嚴靈峯編輯：《無求備齋老子集成初編》（臺北：藝文印書館，
　　　　1965 年據《四部叢刊》景印〔宋〕建安虞氏刊本景印），葉2。
〔註154〕嚴靈峯撰：〈自序〉，《馬王堆帛書老子試探》，收入嚴靈峯編輯：《無求備齋老
　　　　列莊三子集成補編》第 8 冊，頁5。
〔註155〕嚴靈峯撰：〈出土的時間與內容概述〉，《馬王堆帛書老子試探》，頁 10。
〔註156〕嚴靈峯撰：〈道德二篇編次顛倒原因之推測（附圖說）〉，《馬王堆帛書老子試
　　　　探》，收入嚴靈峯編輯：《無求備齋老列莊三子集成補編》（臺北：成文出版社，
　　　　1982 年），第 8 冊，頁 19。
〔註157〕嚴靈峯撰：〈劉向校定老子篇章與傅奕勘覈古本字數〉，《馬王堆帛書老子試
　　　　探》，頁 14。
〔註158〕嚴靈峯撰：〈道德二篇編次顛倒原因之推測（附圖說）〉，《馬王堆帛書老子試
　　　　探》，頁 19。

考王弼該條經文:「侯王得一以爲天下『貞』」〔註159〕,對照〔唐〕魏徵(580~643)本條經文注曰:「言侯王得一,故能爲天下『平正』也。」〔註160〕迄〔南宋〕范應元(?)《老子道德經古本集註》依然登載:「王侯得一以爲天下『貞』」〔註161〕且訓「貞、正也。」〔註162〕故此又以證明「貞」、「正」之通假源古至宋,非僅龜甲卜辭,縱然他類經文亦未有更變,是以「貞」、「正」彼此之互通,還真乃「源遠流長,其來有自。」

思之鄭司農所云:「貞,問也。國有大疑,問於蓍龜。作龜,謂鑿龜令可藝也。」〔註163〕其言出土龜甲卜辭之「貞」字,咸皆「卜問」之意,愚以爲抑或鄭氏其時未見其餘而不知「通假」之訓解,故作如是之解釋?

然事實可證,對比諸如出土殷墟五期之龜甲暨洪洞坊堆獸骨卜辭乃至戰國竹簡筮辭材料,「貞」之訓釋絕非僅祇「卜問」一義,此情形猶如《周易》卦、爻辭之「貞」字一般,是以,「貞」訓爲「正」抑「卜問」甚且「正固、吉兆」,端視原文斷句之意而定,〔清〕戴震(1724~1777)曾言:「一字具數用者,依於義以引伸,依於聲而芳寄;假此以施於彼,曰『假借』」〔註164〕其義猶本乎此,愚視其乃不爭之事實。

(三)李鏡池又云:「許慎《說文解字》:『貞,卜問也』之說,總沒人肯相信他這個說法。」愚以爲李氏之言似欠考慮。

〔註159〕參閱〔三國·魏〕王弼撰:《道德眞經註》,收入嚴靈峯編輯:《無求備齋老子集成初編》(臺北:藝文印書館,1965年據〔明〕刊正統道藏本景印),卷之3,葉4。

〔註160〕參閱〔唐〕魏徵撰:〈道經〉,《老子治要》,收入嚴靈峯編輯:《無求備齋老子集成初編》(臺北:藝文印書館,1965年據〔清〕光緒間蔣德鈞龍安公署刊鈔本景印),葉25。

〔註161〕參閱〔南宋〕范應元撰:〈昔之得一章第三十九〉,《老子道德經古本集註下》,收入嚴靈峯編輯:《無求備齋老子集成初編》(臺北:藝文印書館,1965年據上海涵芬樓續《古逸叢書》景宋本景印),葉下6。

〔註162〕同上註。

〔註163〕〔東漢〕鄭眾撰:《周禮鄭司農解詁》,收入〔清〕馬國翰輯:《玉函山房輯佚書》(臺北:文海出版社,1952年),第2冊,卷682。

〔註164〕參閱〔清〕戴震撰:〈苔江慎修先生論小學書〉,《東原文集》,收入《戴東原先生全集》(臺北:大化書局,1978年據「民國25年安徽叢書編印處印行本」景印),卷3,1039。

眾所皆知，先訓「貞，卜問」之說者，乃早於許慎之鄭眾（思農）；其後，鄭玄注〈大卜〉時亦謂：「貞之為問，問於正者，必先正之，乃從問焉。」〔註165〕業已包含「卜問」之意；惟注〈天府〉所云：「問事之正，曰『貞』」之說，卻遭李先生斥為：「他因為先鄭釋貞為問，故亦從而說『問』。實則他還是不清楚，還是訓貞為『正』。」〔註166〕李鏡池此言，愚以為恐受于省吾先生（1896～1984）之影響，故有此論。于氏曾駁鄭玄〈大卜〉之注曰：

> 先鄭訓貞為「問」是對的，後鄭把貞字解作「先正後問」，紆迴之至。
> 馬氏《毛詩傳箋通釋》和胡氏《毛詩後箋》皆從後鄭之說以釋此詩，
> 未免以非為是。〔註167〕

于省吾謂鄭眾訓「貞」以「問」為是，惟鄭玄釋「貞」乃「先正後問」猶屬紆迴之論。且〔清〕馬瑞辰（1782～1853）《毛詩傳箋通釋》：「『維龜正之』，《箋》：龜則正之，謂『得吉兆』。」〔註168〕與〔清〕胡承珙（1776～1832）《毛詩後箋》：

> 「維龜正之」，箋云：武王卜居是鎬京之地，龜則正之，謂「得吉兆」。《正義》曰：維此所契之龜，則出其吉兆，以「正」定之。
> 〔註169〕

二者咸從鄭玄之說以釋〈大雅·文王有聲〉：「維龜正之」〔註170〕，然于氏卻

---

〔註165〕參閱十三經注疏本〈大卜〉，《周禮注疏》（北京：北京大學出版社，2000年），卷24，頁754。

〔註166〕參閱李鏡池：〈周易筮辭考〉，收入顧頡剛著：《中國古史研究》（臺北：光復書局，1985年），第3冊，頁201。

〔註167〕參閱于省吾著：〈維龜正之〉，《澤螺居詩經新證》（北京：中華書局出版，1982年），卷中，頁151。

〔註168〕參閱〔清〕馬瑞辰撰：〈大雅·文王有聲〉，《毛詩傳箋通釋》，收入《續修四庫全書·經部·詩類》（上海：上海古籍出版社，1995年據〔清〕道光15年馬氏學古堂刻本影印），第68冊，卷24，頁718。

〔註169〕參閱〔清〕胡承珙撰：〈大雅·文王有聲〉，《毛詩後箋》，收入《續修四庫全書·經部·詩類》（上海：上海古籍出版社，1995年據南京圖書館藏〔清〕道光17年求是堂刻本影印），第67冊，卷23，頁624。

〔註170〕按：截取〈文王有聲〉詩句：「考卜維王，宅是鎬京，維龜正之，武王成之。」（參閱十三經注疏本〈大雅·文王有聲〉，《毛詩正義》（北京：北京大學出版社，2000年），卷第16，頁1237。）

斥其未免「以非爲是」，直指鄭玄訓「正」：「得吉兆」〔註171〕有誤。于省吾斥「以非爲是」之依據如下：

> 《書・洛誥》先言卜瀍澗之間，後言「我二人共貞」，共貞之貞也應訓爲「問」，而馬注誤訓貞爲「當」，《釋文》誤訓貞爲「正」，不知龜可言貞，不可言正。〔註172〕

于氏以〈洛誥〉：「我卜河朔黎水，我乃卜澗水東、瀍水西，惟洛食。……公既定宅，伻來，來視予卜休恒吉。我二人共貞」〔註173〕乙事爲例，言其「貞」字應訓爲「問」，然〔東漢〕馬融猶云「當也」〔註174〕，且〔唐〕陸德明（556～627）《經典釋文》訓之：「貞，正也。」〔註175〕二者之說于氏以爲咸皆誤訓，所持之理乃「凡龜卜之『貞』字僅能訓「問」，不可言『正』」。

　　于氏持論，愚臆其恐受〔清〕孫詒讓（1848～1908）校注：「貞即『大貞』之『貞』，《傳》誤」〔註176〕之說影響，致作如是之言，抑或未定。孫氏稱「大貞」者，即《周禮》所云：「若國大貞，則奉玉帛以詔號。」〔註177〕、「凡國大貞，卜立君，卜大封，則視高作龜」〔註178〕，咸指周天子卜國家大事之「龜卜」而言。

　　其「貞」字，孫氏謂「訓『問』爲是，《僞孔傳》釋：『貞，正也』〔註179〕之說爲非」，若然于省吾抑據此以否定馬融、陸德明「『當』、『正』」之訓，進而批駁鄭玄「迂迴之『正』」乃至「吉兆」之說。

---

〔註171〕同上註。
〔註172〕參閱于省吾著：〈維龜正之〉，《澤螺居詩經新證》（北京：中華書局出版，1982年），卷中，頁151。
〔註173〕十三經注疏本：〈洛誥第十五〉，《尚書正義》（北京：北京大學出版社，2000年），卷第15，頁478～479。
〔註174〕同上註，頁479。
〔註175〕參閱〔唐〕陸德明撰，今人孫毓修校，《尚書音義・洛誥第十五》：《經典釋文》，見楊家駱主編《國學名著珍本彙刊》（臺北：鼎文書局，1975年），卷之9，頁48。
〔註176〕同註173，頁479。
〔註177〕十三經注疏本：〈小宗伯〉，《周禮注疏》（北京：北京大學出版社，2000年），卷第19，頁578。
〔註178〕同上註，〈大卜〉，《周禮注疏》，卷第24，頁753～754。
〔註179〕同註173，頁479。

惟商、周龜卜之「貞」、「正」通假，猶「問」、「吉兆」之訓，已於前小節述證甚明。今考《古書虛字集釋》云：「『當』字或作『尚』」〔註180〕、「『當』猶『方』也。一為『正』字之義」〔註181〕更言：「當猶『其』也」〔註182〕，且王引之謂之：「其，猶『尚』也、『庶幾』也」，故此「當」字亦具「庶幾」之意，因而「當」字暨具「正」義，猶為「祈盼」之辭，李鏡池、于省吾乃至孫詒讓於此，抑恐已「顧此失彼，猶未自知。」

況于省吾尚引《國語‧吳語》：「稱『請貞於陽卜』，韋注亦訓『貞』為『正』，是正為貞之音訓字」〔註183〕以證其所謂：「『正』者，貞之借字」〔註184〕說。然其或已遺忘曾言：「先鄭訓『貞』為問是對的」之「先鄭」──鄭司農，於「請貞於陽卜」之「貞」字尚且訓之為「問」而非「正」，然既贊韋昭「音訓」之釋「正」為是，豈非於此則以為「先鄭」訓「問」為非？或于氏以為「貞於陽卜」非用龜？抑二龜咸不類？抑或此龜非彼龜？故爾，此處可訓「正」，彼處得釋「問」？既稱「龜可言貞，不可言正」，又何以此般之前後矛盾？果其然真不自覺乎？

李鏡池、于省吾甚且孫詒讓，或已疏忽鄭玄之所以訓「貞」即「正」之真正涵意？然就愚淺識，鄭玄此「正」者，乃包含了「問事」及「問事者」與「被問事者」三者之正，「正」與「問」之間乃相表裏之事，二者同時併存；「正」心所在，皆存乎問、卜者彼此己內，因此占卜乙事亦即「正己」、「己正」之事。

故鄭玄謂之：「貞之為問，問於正者，必先正之，乃從問焉。」且由孔穎達疏解《左傳‧僖公十五年》秦伯代晉，卜徒父筮遇〈蠱〉䷑之言：「內卦為己身，外卦為他人。」〔註185〕得知內卦即表自己，故此「正」字亦含「內

〔註180〕參閱裴學海著：〈當、尚、嘗、常〉，《古書虛字集釋》（臺北：廣文書局，1962年），卷6，頁454。
〔註181〕同上註，頁450。
〔註182〕同上註，頁453。
〔註183〕參閱于省吾著：〈維龜正之〉，《澤螺居詩經新證》（北京：中華書局出版，1982年），卷中，頁150～151。
〔註184〕同上註，頁150。
〔註185〕參閱十三經注疏本《春秋左傳正義》（北京：北京大學出版社，2000年），卷

卦」之義,「正」則「內」即「本」,京房亦云:「貞爲本,悔爲末。」「貞」不僅包含了「卜問」亦含有「正」、「本」、「內」之義,是以鄭玄之注《尚書》:「內卦曰貞,貞,正也;外卦曰悔,悔之言晦也,晦,猶終也」其義即此。

然李鏡池復以羅振玉先生(1866~1940)所謂:「古經注『貞』皆訓『正』,惟許書有『卜問』之訓,古誼古說,賴許書而僅存者,此其一也」〔註186〕,以否定「貞」訓爲「正」之說。細觀羅氏所言,並無否定「貞」之訓「正」乙事,其僅強調唯有許慎《說文解字》明訓貞亦含「卜問」之意,而李氏卻以此論,支撐爲其否定「貞」之爲「正」之盾櫓,愚以爲有欠公允且失之遠矣!

綜觀上述三點,《文言》是否抄襲穆姜「四德」之說,就愚依《象傳》:「〈家人〉☲,女正位乎內,男正位乎外。男女正,天地之大義也」之觀點而言,自古女子無才不出外、守家便是德,穆姜能否如此大之學問,愚仍存疑?雖非本文重點,惟因干係「元、亨、利、貞」是否抄襲一事,其中牽連「貞」字訓解之義,故於此僅略提出,眞象何如?尚須深入考究,有待方家教誨。

然「貞」訓爲「正」爲「當」,其與「卜問」、「吉兆」、「內卦」相互成立,彼此依存,古有明訓,即如「悔」爲外卦一般,咸皆毋庸置疑,此論直至北宋年間(960~1127),諸如胡瑗(993~1059)、王安石(1021~1086)等猶然牢不可破,惟迄乎蘇軾(1037-1101)之不知所以且昉〔南宋〕程迥《周易古占法》之問世,「貞」、「悔」二字始有另一番之訓釋。

## 第三節　北宋諸家之論

至北宋仍持「貞」、「悔」乃筮法「內」、「外」卦之說最有力者,莫過於「宋初理學三先生」〔註187〕之一——胡瑗。胡氏曾於訓解〈洪範〉稽疑,「貞」、

14,頁 430。
〔註186〕參閱羅振玉著:《殷虛書契考釋》(臺北:藝文印書館,1969 年),卷中,葉 18。
〔註187〕按:〔清〕黃百家(1643~1709)曾言:「先文潔公(〔南宋〕黃震(1213~1281))曰:『宋興八十年,安定胡先生、泰山孫先生、徂徠石先生,始以師道明正學,繼而濂、洛興矣。故本朝理學雖至伊洛而精,實自三先生而始,故晦庵有伊川不敢忘三先生之語。』」(參閱〔清〕黃宗羲撰:〈泰山學案〉,《宋元學案》,見王雲五主編《萬有文庫薈要》(臺北:臺灣商務印書館,1965 年),第 1 冊,

「悔」之時謂之:

> 「曰貞曰悔」,此卜筮卦之法。始揲而定,則爲內卦,因而重之,故
> 爲外卦,是卦體本是內起,故謂之,正因而有所終,故謂之悔,取
> 晦終之義也。〔註188〕

胡瑗遵循鄭玄《尚書‧洪範》「悔之言晦也,晦,猶終也」之注,且依孔穎達:
「筮者先爲下體而以上卦重之」〔註189〕之疏,謂「貞」、「悔」二字乃筮卦之
法,「貞」爲內卦、「悔」爲外卦。且採賈公彥「筮皆三占從二」〔註190〕所釋
而云:

> 既立知卜筮之人,而因命卜筮之事,故卜龜揲蓍皆取三次而驗之。
> 若一人言凶而二者言吉,則從二者之吉,違一人之凶也;若二人言
> 凶而一人言吉,則從二者之凶,違一人之吉也。蓋卜筮事大,故取
> 其眾而驗吉凶也。〔註191〕

胡瑗釋〈洪範〉:「立時人作卜筮,三人占,則從二人之言」〔註192〕咸采賈公
彥:「三者,三吉爲大吉,一凶爲小吉;三凶爲大凶,一吉爲小凶」〔註193〕
之說以注,且言:「卜筮事大」,其意猶如《周禮》「凡國大貞」之義,故取眾
說以驗吉凶;更言:「卜筮者,問天地之情,考鬼神之意也。」〔註194〕字裏行
間咸含「卜問」訓義,其「貞」之爲「內」、爲「問」,「悔」之爲「外」,均
從鄭玄一脈之說溢於言表甚明,迄王安石氏尚且如是,王安石曾言:

---

卷 2,頁 67。)
〔註188〕參閱〔北宋〕胡瑗撰:《洪範口義》,收入景印《文淵閣四庫全書‧經部 48‧
書類》(臺北:臺灣商務印書館,1983 年),第 54 冊,卷下,頁 474～475。
〔註189〕參閱十三經注疏本《春秋左傳正義》(北京:北京大學出版社,2000 年),卷
第 14,頁 430。
〔註190〕參閱〔東漢〕鄭玄注,〔唐〕賈公彥疏:〈士冠禮〉,《儀禮注疏》(北京:北京
大學出版社,2000 年),卷 1,頁 12。(以下凡有資料引自本書,均簡稱爲十
三經注疏本《儀禮注疏》。)
〔註191〕同註 188,頁 475。
〔註192〕十三經注疏本〈洪範〉,《尚書正義》(北京:北京大學出版社,2000 年),卷
第 12,頁 372。
〔註193〕同註 188,頁 12。
〔註194〕同註 188,頁 475。

> 靜爲貞，動爲悔，亦臆之而已。此占家之事，惟京氏《易》謂發爲
> 貞，靜爲悔，則合于筮法。蓋占家以內卦爲用事，謂問者之來意也。
> 外卦爲直事，謂禍福之決也。來意方發專一之至，故謂之貞；外卦
> 既成禍福始定，故有悔焉。蓋卦有元、亨、利、貞，故取「貞」字
> 爲主；爻有嘉、凶、悔、吝，故取「悔」字爲決也。〔註195〕

王安石時代有所謂「靜爲貞，動爲悔」之說法，王氏則嫌其乃臆測之語不予
採納；惟認爲「貞」、「悔」二字乃屬占家之事，並贊同京氏《易》所云：「發
爲貞，靜爲悔」之言，方合于筮法之說。

王安石以占家「內卦」（即「貞」）爲用事、「外卦」（爲「悔」）乃直事之
謂，加以說明「內卦」——表問者占時之來意；「外卦」——爲所問之事禍福
之象徵。是以來者占筮之時，發專一至誠之心，此即「正」之表現，亦即「本」
來之情；而外卦顯事實演變之結果，因而來者至終爲「末」，將有懊悔之意。

王氏更且強調，之所以取「貞」爲主，乃因卦有「元、亨、利、貞」之
說；取「悔」字爲決，係因爻有「吉、凶、悔、吝」之語。

「靜爲貞，動爲悔」之說法，愚以爲當與王安石所處北宋道家「定性」
說有關。然此處之「靜」字應采《說文》所謂：「安靜本字，當从立部之『竫』
字」〔註196〕以解，亦即此「靜爲貞，動爲悔」之「靜」字當爲安竫之「竫」
字，而非「靜」字。

「靜」字依《說文》段注，其義乃：「分布五色疏密有章，則雖絢爛之極，
而無渰涊不鮮，是曰『靜』；人心宷度得宜，一言一事必求理義之必然，則雖
緜勞之極，而無紛亂亦曰『靜』，引伸假借之義也。」〔註197〕是以京房所謂：
「靜爲悔，發爲貞」之「靜」字當與安「竫」之「竫」字有所區別！

京房此處之「靜」字意指「紛擾幻化，然仍有其變動條理之脈絡可循」，

---

〔註195〕轉引〔南宋〕項安世撰：〈說經篇三·曰貞曰悔〉，《項氏家說》，收入王雲五
主編：《四庫全書珍本別輯》（臺北：臺灣商務印書館，1975年據國立故宮博
物院所藏文淵閣本影印），卷3，葉17。

〔註196〕詳參〔東漢〕許慎撰，〔清〕段玉裁注：《新添古音說文解字注》（臺北：洪葉
文化事業，1999年），頁218。

〔註197〕同上註。

簡言之,即「變中有序」之意!愚以為猶尚存「變動」之隱義。且假郭曉東
先生於〔北宋〕程顥(1032～1085)《定性書》之研究中,所論「靜」、「動」
之說法,或可作為「靜為貞,動為悔」之參考解釋。郭先生云:

> 在明道看來,「生之謂性」、「人生而靜以上不容說」已點破了一個基
> 本的本體論事實:「人生存在世界中,道體現在世界中,我們只能在
> 世界之中來領會此性與道,人與世界並不是相互對待的內外關係,
> 而是仁者與天地萬物渾然一體。」既曰渾然一體,則物就不是外,
> 那麼己也無所謂內,因此,道不能有內外之分,性亦不能有內外之
> 分。那種純然杜絕外物的作法,其實是事先預設了性有內外之別,
> 即以本來之性為靜為內,以感物而動為外,這樣所謂的「定性」,只
> 是要強制心在感物時的動,以恢復內在的靜。在明道看來,這樣一
> 種內外之分即是二本,一旦以物為外,以己為內,由於外之感內者
> 無窮,內就不可能真正得以定靜,不但動時不能定,就是靜時亦未
> 必能定得下來。〔註198〕

由郭氏文中所言:「即以本來之性為靜為內,以感物而動為外;強制心在感
物時的動,以恢復內在的靜;以物為外,以己為內」等字義,可藉以看出王
安石原有以「內」為「靜」比喻為「貞」,「動」為「外」引喻成「悔」之意
圖,是以有「靜為貞,動為悔」之說法,惟因屬心性臆測之論,故僅略述云
云。

　　然愚以為,將此說與王安石下引之京房《易》比較,二者又似無什分別,
故愚觀安石之用意,亦僅為凸顯「貞」、「悔」二字,於筮法上真正代表之含
義──「內」、「外」卦之區別耳。〔南宋〕趙以夫(1189～1256)即為稟此論
點之人,其謂:

> 〈洪範〉占用二,貞、悔。貞,即靜也;悔,即動也。故靜吉而動
> 凶,則勿用;動吉而靜凶,則不處;動、靜皆吉,則隨遇而皆可;
> 動、靜皆凶,則無所逃於天地之間,此聖人所以樂天知命而不憂也。

---

〔註198〕詳參郭曉東先生:〈《定性書》研究二題〉,《哲學與文化》28 卷 9 期(2001
年 9 月),頁 818。

〔註199〕

趙以夫（虛齋）之說法，與王安石本欲展現，猶或受制「臆測」桎梏，致无能伸展之思維理則，二者實乃若合符節。基本而言，「貞，即靜也；悔，即動也」，所欲顯現之企圖，與貞為內、為本、為正；悔為外、為末、為靜，其意志本即相類，幾無分別。此乃愚之淺見，尚祈方家賜教。

　　由上可知，王安石之意，根本即循《尚書》、《左傳》乃至京房、鄭玄一脈以降之說，以為「貞」、「悔」二字乃占家之事，二者為「內」、為「外」；為「本」、為「末」，咸皆符合筮法體例，論定貞為「內卦」、悔表「外卦」乃原本筮法之真義。然此似不獲蘇軾之青睞與認同，猶另言：

> 《春秋傳》曰：「秦伯伐晉，卜徒父筮之遇〈蠱〉䷑，曰：『〈蠱〉之貞，風也；其悔，山也。』」是內卦為貞，外卦為悔也。卦之不變者，占卦而不占爻，故用貞、悔占者；變者，則止以所變之爻占之。
> 其謂之貞、悔者，古語如此，莫知其訓也。〔註200〕

蘇東坡以《左傳‧僖公十五年》卜徒父筮遇〈蠱〉卦䷑為例，言不變爻筮例者，其內卦曰：「貞」、外卦曰：「悔」，且僅占卦不占爻，故用「貞」、「悔」象徵內、外卦以占；而有變爻者，祇以所變之爻占之，惟不占卦，更云：「貞、悔二者乃古語之說，自承无能明了其意。」

　　觀蘇軾所言，意指《尚書》「貞」、「悔」內、外卦說，僅限不變爻者使用，惟不適於變爻之例，凡變爻者，將不論貞、悔，祇就所變之爻以占。此由蘇軾另語更見端倪，其言：

> 卜用其五，占也於二，曰「貞」、曰「悔」，此其不變者耳；又當推其變者皆占之。〔註201〕

該言特別之處，乃「又當推其變者皆占之」一語，其「又」字通「有」，意指凡有變爻之筮例，無論幾爻之變，咸皆占之，此「咸皆」之占法，愚且自承，

〔註199〕參閱〔南宋〕趙以夫撰：〈易通序〉，《易通》，收入景印《文淵閣四庫全書‧經部11‧易類》（臺北：臺灣商務印書館，1983年），第17冊，頁798。

〔註200〕參閱〔北宋〕蘇軾撰：〈周書‧洪範〉，《書傳》，收入景印《文淵閣四庫全書‧經部48‧書類》（臺北：臺灣商務印書館，1983年），第54冊，卷9，頁581。

〔註201〕同上註。

眞不明蘇氏所言之法如何占用取捨？試問，倘六爻、或五爻、四爻、三爻之變，其變皆占，將以何爻爲斷？姑不論三爻以上之變，單以二爻變例，即不知何者爲是？蘇氏此言，愚頗感莫名無已！

愚以爲「貞」、「悔」內、外卦說，不應受有、無變爻而改變。毋論本卦、之卦，凡稱之爲卦者，咸有內、外小成之存在，斷不受變爻數多少之影響，《尚書》「貞」、「悔」之說屬古語之言，此乃不爭，惟占筮用此二字，其乃筮法運用之總綱。

今綜觀《左傳》、《國語》計三例無變爻筮例中，除《左傳·僖公十五年》：「其卦遇〈蠱〉䷑，〈蠱〉䷑之貞，風也；其悔，山也。」〔註202〕論及「貞」、「悔」二字，惟其筮辭亦非以「貞」、「悔」斷之，而曰：「千乘三去，三去之餘，獲其雄狐」〔註203〕；第二例、《左傳·成公十六年》：「其卦遇〈復〉䷗曰：南國蹙，射其元王，中厥目。」〔註204〕無言及「貞」、「悔」且咸非以內、外小成卦以占；第三例、《左傳·昭公七年》：「立元之筮，得〈屯〉卦䷂。」〔註205〕此例亦無「貞」、「悔」相關名目，且直以卦辭占之。

內、外《傳》僅有三例無爻變者，無一以「貞」、「悔」小成卦意占解，愚不明蘇氏之說所據爲何？且統觀內、外《傳》筮法一爻變計十例者而論，以「本卦變爻」論占者，亦僅祇《左傳·哀公九年》：「遇〈泰〉䷊之〈需〉䷄」；〈昭公七年〉：「遇〈屯〉䷂之〈比〉䷇」二例以變爻爻辭論占，餘皆以各式不同之法爲之。〔註206〕

倘依蘇氏所言：「變者，則止以所變之爻占之」，理當各筮例，應以所變之爻論占爲是，然卻非如此，反與蘇氏之說相悖，若然又該何如？蘇東坡乃一代大儒，其於「貞」、「悔」之不解，豈論義理《易》者之必然？愚甚不明！且其不采安石之論以參，而直謂「古語如此，莫知其訓」，抑或與安石常自謙

---

〔註202〕參閱十三經注疏本《春秋左傳正義》（北京：北京大學出版社，2000年），卷第14，頁429。

〔註203〕同上註。

〔註204〕同上註，卷第28，頁895。

〔註205〕同上註，卷第44，頁1445。

〔註206〕請參閱本文第二章，頁66。

「《易》嘗學之矣，而未之有得」〔註207〕之態度影響有關；或由於蘇軾之「不知所以」，方始有嗣後程迥迥異說法之出現？此說或恐有未定，其彼此因果之關聯，尚待另行深入研究，始可爲證，於此提出，亦僅供方家之參酌耳。

## 第四節　南宋程迥之說

程迥將《左傳》、《國語》總計二十三筮例，區分爲「六爻皆不變」、「一爻變」、「二爻變」、「三爻變」、「四爻變」、「五爻變」、「六爻皆變」等六種情況。每一種情況咸有其占斷規則，且規範乃依《左傳》、《國語》，當時筮者所作之論述，而歸納出之法則。其中「六爻皆不變」者，程迥謂之：「六爻不變，以《卦》、《彖》占，內卦爲貞，外卦爲悔。」〔註208〕並舉《左傳》不變爻筮例以證其說法：

> 《春穐左氏傳》昭七年，孔成子筮立衛元「遇〈屯〉䷂」曰：利建
> 侯；僖十五年，秦伯伐晉，卜徒父筮之「遇〈蠱〉䷑」，曰貞，風
> 也；其悔，山也者，是也。〔註209〕

程迥謂《春秋左氏傳》不變爻筮例，咸以《卦》、《彖》之辭爲占，並舉不變爻筮例中，唯一論及「貞」、「悔」二字者——「僖公十五年，其卦遇《蠱》䷑」爲例，強調凡屬不變爻筮例之內卦，則稱爲「貞」、外卦均謂之「悔」。惟程迥此說，〔南宋〕趙汝楳（？）則提出反駁：

> 案：《左傳·昭公七年》孔成子筮立元，遇〈屯〉䷂不變曰：「元亨」，
> 此舉《卦》、《彖》爲占者。然成〔註210〕公十六年，晉楚戰，晉筮遇
> 〈復〉䷗；僖公十五年，秦伐晉，筮遇〈蠱〉䷑，皆不變，皆不
> 舉《卦》、《彖》。孔成子筮立縶，遇〈屯〉䷂之〈比〉䷇，乃一爻

〔註207〕〔北宋〕王安石著：《書·答史諷書》，《王臨川集》，見王雲五主編：《萬有文庫薈要》（臺北：臺灣商務印書館，1965年），第8冊，卷72，頁36。

〔註208〕參閱〔南宋〕程迥著：〈占例第七〉，《周易古占法》上，收入嚴靈峯編輯：《無求備齋易經集成》（臺北：成文出版社，1976年據明嘉靖間天一閣刊本影印），第154冊，頁9。

〔註209〕同上註，頁9～10。

〔註210〕按：原文「咸」字，當係誤植，今依實際，改爲「成」字。

變，史朝舉《卦》、《象》曰：「元亨」，則六爻不變者，不專以《卦》、

《象》占，而一爻變者，反得舉《卦》、《象》也。〔註211〕

趙汝楳以「成公十六年，晉筮遇〈復〉䷗」〔註212〕、「僖公十五年，秦伐晉

遇〈蠱〉䷑」〔註213〕，二不變爻筮例咸非以《卦》、《象》之辭爲占；並以

同屬「昭公七年孔成子筮立縶，遇〈屯〉䷂之〈比〉䷇」〔註214〕一爻變筮

例，史朝反舉《卦》、《象》以占等三例，一舉推翻程迥：「『不變爻者』以《卦》、

《象》辭爲占之說。」而謂：「則六爻不變者，不專以《卦》、《象》占，而一

爻變者，反得舉《卦》、《象》也。」

　　然趙汝楳實不知程迥此舉，最主要目的，乃因春秋外《傳》《國語》另

有一「貞」、「悔」筮例——「得貞〈屯〉䷂悔〈豫〉䷏皆八」〔註215〕之

存在，而爲求解此例，程迥即須煞費苦心，預先以不變爻筮例「遇〈蠱〉䷑」

爲例，將之區分爲：「凡不變爻者，其內卦謂『貞』，外卦曰『悔』。」如此

程迥即能將《左傳》、《國語》中凡二、三、四爻變之筮例，另予定義爲：「二

爻、三爻、四爻變，以本卦爲貞，之卦爲悔。」〔註216〕並舉《國語》之例

以佐其說：

　　《國語》重耳筮尚得晉國，遇貞〈屯〉䷂悔〈豫〉䷏皆八。蓋初

　　與四、五，凡三爻變也。初與五用九變，四用六變，其數不純；其

　　不變者，二、三、上，在〈屯〉䷂爲八，在〈豫〉䷏亦八，故舉

　　其純者，而言皆八也。〔註217〕

〔註211〕參閱〔南宋〕趙汝楳撰：〈先傳考第三・《左傳》《國語》占法〉，《筮宗》，收
　　　　入嚴靈峯編輯：《無求備齋易經集成》（臺北：成文出版社，1976年據清同治
　　　　十二年奧東書局刊本影印），第154冊，頁79～80。
〔註212〕十三經注疏本《春秋左傳正義》（北京：北京大學出版社，2000年），卷28，
　　　　頁895。
〔註213〕同上註，卷14，頁429。
〔註214〕同上註，卷44，頁1445。
〔註215〕〔周〕左丘明撰，〔吳〕韋昭注：〈晉語四〉，《國語》（臺北：臺灣中華書局，
　　　　1966年據士禮居黃氏重雕本校刊），卷第10，葉10。
〔註216〕參閱〔南宋〕程迥著：〈占例第七〉，《周易古占法》上，收入嚴靈峯編輯：《無
　　　　求備齋易經集成》（臺北：成文出版社，1976年據明嘉靖間天一閣刊本影印），
　　　　第154冊，頁11。
〔註217〕同上註。

程迥爲證「貞」何以由「內卦」改稱「本卦」;「悔」如何自「外卦」改謂「之卦」,故拾掇〔唐〕畢中和所云:「貞〈屯〉䷂ 悔〈豫〉䷏,變與定均也」〔註218〕之言,而舉貞〈屯〉䷂ 悔〈豫〉䷏皆八爲例,以證其「似乎」理所當然之說法,用意亦僅爲俾「皆八」能合理解釋,而不得不之作法。

是以,其依畢中和之言:「變與定均也」,而謂〈屯〉卦䷂初、四、五爻三爻變,其數不純,惟二、三、上爻在〈屯〉䷂不變,策數爲「八」,在〈豫〉䷏亦爲八,二者皆八,故舉純者,猶言「皆八」,且即指本卦(貞)〈屯〉䷂變爲之卦(悔)〈豫〉䷏,二者之六二、六三、上六等三爻咸皆策數「八」之意,雖然畢中和並無明指貞「本」悔「之」之語,然程迥此說之「始作俑者」,恐非畢中和莫屬。惟程氏之說亦遭趙汝楳之懷疑,趙氏曰:

> 案〈晉語〉晉公子筮有晉國,得正〈屯〉䷂悔〈豫〉䷏爲三爻變,然《周語》晉筮成公遇〈乾〉䷀之〈否〉䷋亦三爻變,乃不云正〈乾〉䷀悔〈否〉䷋?〔註219〕

趙氏質疑程迥之論,倘貞(正)〈屯〉䷂悔〈豫〉䷏三爻變之說成立,何以〈周語〉晉筮成公「遇〈乾〉䷀之〈否〉䷋」〔註220〕亦三爻變,惟不謂正〈乾〉䷀悔〈否〉䷋?趙氏之疑,愚與之可謂不謀而合,且更已證實程氏說法之矛盾爲信然矣。〔註221〕

惟趙汝楳雖然否定或質疑程迥不變爻、三爻變筮例論占之說法,然對其所謂:「不變爻者之內卦曰:『貞』、外卦稱『悔』;以及本卦爲『貞』,之卦謂『悔』」之論,卻又甚表支持,此由其著述即一目了然:「……離此八者而後筮,可言也。不然神亦不告。若其用卦或以內、外卦爲正、悔〔註222〕;或以

---

〔註218〕 參閱〔南宋〕林至撰:《易裨傳》,收入〔清〕徐乾學等輯:《通志堂經解》(臺北:大通書局,1970年),《易》第3冊,頁1452。

〔註219〕 參閱〔南宋〕趙汝楳撰:〈先傳考第三・正悔〉,《筮宗》,收入嚴靈峯編輯:《無求備齋易經集成》(臺北:成文出版社,1976年據清同治十二年奧東書局刊本影印),第154冊,頁84。

〔註220〕 〔周〕左丘明撰,〔吳〕韋昭注:〈周語下〉,《國語》(臺北:臺灣中華書局,1966年據士禮居黃氏重雕本校刊),卷第3,葉4。

〔註221〕 請參本文第三章〈歷代諸家之說・程迥之說〉,頁59~61。

〔註222〕 趙汝楳於此自注曰:「〈晉語〉秦卜徒父筮遇〈蠱〉䷑曰:正,風也;悔,山也。」

本卦、之卦爲正、悔〔註223〕；或用變爻……」〔註224〕

　　誠然《左傳》、《國語》相關筮例，並無二、四爻變筮例之記載，然三爻變者，亦僅《國語・周語》「遇〈乾〉☰☰之〈否〉☰☷」，以及昉於程迥，始列爲三爻變之「貞〈屯〉☵☳悔〈豫〉☳☷皆八」筮例。其所以視爲三爻變者，乃因以周《易》筮法觀〈屯〉☵☳、〈豫〉☳☷二卦之相對而言，亦因此，此筮之「貞」即成「本卦」；「悔」則爲「之卦」，如此，程迥始能順理成章對本筮例做出「似乎」理所當然之解釋。且自此而後，程迥之說法，即根深蒂固、深植人心，至朱熹之出現，愈益使其發揚光大，迄今依然無法撼動所論。

## 第五節　朱熹之論

　　朱熹常自謙「晚學小生」、「晚生小子」以尊程迥「老丈」、「大師」之稱，其對程氏之敬重可見一斑；且常請益程迥諸般學問，其中亦包含《易》學在內。以下援引朱熹與程迥兩則之書信，自內咸能看出朱子之於程氏所問之學及相待之敬謹態度：

> 一、示及《古韻通式》簡約通貫，警發爲多。四聲互用無可疑者，但「切響」二字不審義例如何？幸望詳賜指喻。又其間如「積」、「劭」、「植」、「圉」、「淺」、「眜」、「晰」七字，恐合入四聲互用例中，不知何故？卻入此門，亦乞見教。麒之爲極，十之爲諶，似亦是四聲例也。近因推考，見吳才老工夫儘多，但亦有未盡處，汎考古書及今方言，此類蓋不勝舉也。《詩說》見此抄寫未畢，畢即拜呈求教矣。聞人丈頃年見之三山，扣以詩中數事，甚蒙知獎，但恨不得斅盡其說耳。《豳詩》之說，則恐未然。蓋〈破斧〉以後，諸詩未必是周大夫刺朝廷之詩，此自〈小序〉之誤耳。它日〈繆說〉得徹尊聽，當爲印證其可，而掊擊其不然，乃所願也。所喻《詩論》十篇，便中幸早見教爲望，汀鹽之獎已極，手直之策未爲不然，橫爲諸司所排

---

〔註223〕趙汝楳於此自注曰：「〈晉語〉公子筮有晉國，得正〈屯〉☵☳悔〈豫〉☳☷。」
〔註224〕參閱〔南宋〕趙汝楳撰：〈占釋第九〉，《易雅》，見《周易輯聞》下（臺北：廣文書局，1974年），頁821。

使不得伸，一方之民可謂重不幸矣。晦伯書來，所欲更張者，尤廣觀此事勢如何，行得近聞諸司於舊法中減落一、二，小小靡費便謂可革宿弊，以一杯水捄一車薪之火，無以異於小兒之戲論，甚可笑也。《孝經》妄意所疑，不謂汪丈亦有此說，近亦條具數處，并俟後便拜呈也。四營成《易》，正爲《易》字，即是「變」字，故其下文便以十有八變承之；再扐後掛，即所謂再揲、三揲者，故又一四營也。凡爲四營者三，乃成一爻，爲四營者十八，乃爲一卦，此以積數文義求之，皆無所礙。不審尊意以爲如何也？月椿條對亦乞頤指錄以見教，此事從來只是得於耳學，竟未知其端的也。廣西鹽法，近得詹丈書，極以爲便，亦錄得中間解折范容州箚子畫。一來，而自彼來者，無不以州郡窘乏爲言，不知的是如何地遠難？遙度傳聞亦難盡信，大抵近世作事利民者，常苦於掣肘而不得行，其爲民害者，則因循苟且，上、下尊守以爲不可易，設使便有姚元崇，眞有濟世之術，亦未必得如其意，此可歎也。又蒙別紙垂喻俞廣文立二公祠之意，使爲記文尤荷不鄙，但此事，今日老丈在彼，晚學小生豈當僭取而妄爲之？此決不敢承命，若廣文有請於門下，它日文成，區區得以題額附名左方，亦云幸矣。幸達此意於廣文，故泚筆以俟命也。前浦城主簿任希夷，經由請見，幸與其進而教誨之，其人有志於學，守官不苟，王漕亦令去請教也；二、「附子」爲近世通用常藥，它人服之，未見其菲，老丈乃獨覺其偏有所助，致生它疾，此見平時所養之厚，而所謂「無妄之藥」者，眞不可試之驗也。「二賢祠記」前書已拜稟矣。豈有大師在，是而晚生小子敢妄言於其側者乎？況陳公平生只得一見，若汪公，則老丈游從之久，投分之深，又非小生之比，恐不得而辭也。因便寓此，偶數日禱雨倦甚，又積書問頗多，未暇罄所欲言。向蒙喻及《詩論》，前書拜請幸早寄示。〈謬說〉已寫就，然尚有誤字，旦夕校畢，拜呈以求教誨也。《易》中七、八、九、六之數，何自而起？說者雖眾，終未甚安，不審尊意以爲如何？州縣祈水，〈旱政〉和〈新禮〉所不載，而《通典》〈開元禮〉尚有可依放者，唯鄉村所禱全無所據，苟且從俗，於心有未

安者，亦幸有以教也。〔註225〕

觀此二則咸皆了然，朱熹對於程迥諸如「聲韻」、《詩經》、《孝經》、《禮經》、「史學」乃至《易》學、治理政事等諸般學問與方法之信賴及仰重。是以有關「筮法」之論，誠可推斷或多或少朱熹亦受程迥之影響，理當必然。

故而朱熹於其〈考變占〉中所謂：「『凡卦六爻皆不變，則占本卦《彖》辭，而以內卦爲貞，外卦爲悔』；『三爻變，則占本卦及之卦之《彖》辭，而以本卦爲貞，之卦爲悔。』」〔註226〕幾承程氏之說。其對「貞」、「悔」二字之認定，可說受程迥之影響甚深，目的咸爲區分《春秋》內、外《傳》六爻不變與三爻變筮例之「貞」、「悔」，此由朱熹回答學生提問，前後兩般不同之解釋可窺其端倪。朱熹自己曾言：

「內卦爲貞，外爲悔」；「貞、悔即『占用二』之謂。貞是在裏面做
主宰底，悔是做出了末後闌珊底，貞是頭邊。」〔註227〕

朱熹以《左傳》僖公十五年「〈蠱〉 ䷑ 之貞，風也；其悔，山也。」解釋《尚書‧洪範》：「占用二」之「貞」爲內卦，「悔」爲外卦；貞於「內」，悔於外之道理。且學生提問：「內卦爲貞，外卦爲悔，貞、悔何如？」〔註228〕時，朱子亦答云：

此出於〈洪範〉，貞看來是「正」，悔是「過」意，凡悔字都是過了
方悔，這悔字，是過底意思，亦是多底意思；下三爻便是正卦，上
三爻似是過多了，恐是如此。〔註229〕

〔註225〕詳參〔南宋〕朱熹撰：〈程沙隨可久迥書〉，《晦庵別集》，收入景印《文淵閣四庫全書‧集部85‧別集類》（臺北：臺灣商務印書館，1985年），第1146冊，卷2，頁567～568，568。

〔註226〕〔南宋〕朱熹撰：《易學啓蒙》，見〔清〕李光地等撰：《周易折中》，收入景印《文淵閣四庫全書‧經部32‧易類》（臺北：臺灣商務印書館，1983年8月），第38冊，卷20，頁502。

〔註227〕詳參〔南宋〕黎靖德編著：〈易二‧綱領上之下‧卜筮〉，《朱子語類》（臺北：正中書局，1982年據國立中央圖書館藏明成化九年江西藩司覆刊），卷66，頁2603。

〔註228〕同上註。

〔註229〕同上註，頁2603～2604。

朱熹於此言及「貞」、「悔」二字乃出〈洪範〉，且以鄭玄注解《尚書》：「內卦曰貞，貞，正也」，訓釋「貞爲『正』、卦之下三爻即爲『正卦』」，並言：「悔乃過了方悔，上三爻似是過多了」，其意猶如鄭玄所云：「外卦曰悔，悔之言『晦』也，『晦』，猶終也」之說。

　　故由朱熹與學生交談討論之中，不難發現，其於「貞」、「悔」二字之解釋，原是遵循《左傳》、鄭玄、韋昭、杜預等之注解，且另由其回答門人陳日善之提問猶甚曉然。陳生曾問：「內卦爲貞，外卦爲悔，是何義？」〔註230〕朱熹答曰：

> 貞，訓「正」，事方正如此；悔是事已如此了，凡悔吝者，皆是事過後方有悔吝。「內卦」之占是事方如此，「外卦」之占，是事之已然者，如此二字又有「始」、「終」之意。〔註231〕

朱子直訓「貞」之爲「正」，乃事方正如此之意；更言「悔」即事已如此，猶「晦終」之理，且謂「內卦」之占是事方如此；「外卦」之占，是事之已然，言下明示：「內卦」爲「貞」，「外卦」爲「悔」，故言，「貞」、「悔」二字又有「始」、「終」之意。

　　觀以上朱子之言，曠然章顯其原遵京房：「貞爲本，悔爲末」、鄭玄：「貞爲正，悔猶終」、《左傳》：「貞爲內卦，悔爲外卦」之訓釋，然其後卻爲區分六爻不變與三爻變筮例之「貞」、「悔」，反另有一番之說法，其謂：

> 貞是事之始，悔是事之終，貞是事之主，悔是事之客，貞是在我底，悔是應人底，三爻變，則所主不一，以二卦《象》辭占，而以本卦爲貞，變卦爲悔；六爻俱不變，則占本卦《象》辭，而以內卦爲貞，外卦爲悔。〔註232〕

朱熹云貞是事之「始」、「主」、「在我」皆爲內卦之意；悔是事之「終」、「客」、「應人」，均爲「外卦」之屬，然三爻變者，因「所主不一」，則「本卦」爲

---

〔註230〕〔南宋〕黎靖德編著：〈易二・綱領上之下・卜筮〉，《朱子語類》（臺北：正中書局，1982年據國立中央圖書館藏明成化九年江西藩司覆刊），卷66，頁2604。

〔註231〕同上註。

〔註232〕同上註。

貞、「之卦」爲悔，惟六爻俱不變者，則以「內卦」爲貞，「外卦」爲悔。

　　朱熹於此將「貞」、「悔」二字原指「內卦」、「外卦」，另引伸比喻成「本卦」、「之卦」之意，因而凡六爻俱不變無相對「之卦」時，則貞仍作「內卦」、悔尚以「外卦」解；逢「三爻變」相對有「之卦」參照者，則以「本卦」解爲「貞」、「之卦」視爲「悔」。

　　朱熹此一「貞」、「悔」兩套說法，即爲迎合程迥解釋《春秋》內、外《傳》「貞」、「悔」之論而來，亦由此，更引發朱子進一步聯想，而有「一貞八悔」之論：

　　　乾☰、夬☱、大有☲、大壯☳、小畜☴、需☵、大畜☶、泰☷，內體皆乾☰是一貞，外體八卦是八悔，餘放此。〔註233〕

朱熹以乾卦☰爲例，「一貞」即內卦皆爲小成乾卦☰之意，「八悔」即外卦爲兌☱、離☲、震☳、巽☴、坎☵、艮☶、坤☷，加上小成乾卦☰本身，計有八組者。此八組，即「八卦」之八數，餘六十三卦，卦卦皆如此。

　　此說法，事實上即爲「貞」、「悔」意義之引伸，然細觀之，此引伸之說法，又何曾跳脫「內」、「外」二者之藩籬？

　　因此，朱熹一方面爲維護程迥說法，一方面又想表達自己所見，是以採取二者同論方式，此由其回答學生之提問可資證明：

　　　問：貞悔不止一說，如六十四卦，則每卦內三畫爲貞，外三畫爲悔；如揲蓍成卦，則正卦爲貞，之卦爲悔；如八卦之變，則純卦一爲貞，變卦七爲悔？曰：是如此。〔註234〕

朱熹學生提問有關「貞」、「悔」三個問題，而朱子回答認爲：貞、悔不止一說，一方面六十四卦中任一卦之內卦即爲「貞」、外卦則爲「悔」；又揲蓍所得之正卦（按：即本卦）亦爲「貞」、之卦是爲「悔」；之後援引京氏《易》八宮卦，而謂其各八純卦即爲「貞」卦，餘一世至歸魂等七卦爲「悔」卦。

〔註233〕〔南宋〕黎靖德編著：〈易二‧綱領上之下‧卜筮〉，《朱子語類》（臺北：正中書局，1982年據國立中央圖書館藏明成化九年江西藩司覆刊），卷66，頁2605。
〔註234〕同上註。

前二問題之回答與朱熹〈考變占〉所言如出一轍，然第三回答亦僅程迥「本卦」、「之卦」——「貞」、「悔」論之延伸，無甚分別。

綜上分析，朱熹將「貞」、「悔」二字亦如同程迥式地分類，目的僅爲求解《春秋》內、外《傳》，唯一論及「貞」、「悔」且被列爲三爻變之「貞〈屯〉䷂悔〈豫〉䷏皆八」筮例，而不得不之選擇，是以愚大膽認爲，朱熹對於「貞」、「悔」之認定，自始至終依舊未能越程氏之範疇而有所突破。〔註235〕

## 第六節　朱熹以降諸家之說

事實上，朱熹承襲程迥「貞」、「悔」二字之說法，對於後世之影響極其深遠，歷代諸家，概均以程、朱之說爲的準。諸如〔南宋〕趙以夫（1189～1256）即謂：「〈屯〉䷂之〈豫〉䷏初、四、五皆變，當以本卦爲貞，之卦爲悔；二、三、上不變皆偶，是謂皆八。」〔註236〕趙氏完全承襲程、朱之說，視〈屯〉䷂爲本卦，〈豫〉䷏爲之卦以解本例；〔南宋〕趙汝楳亦言：

> 此占二、三、上不變，涉上、下卦，下卦不變者「八」、上卦不變者亦「八」，謂上、下卦之不變者皆「八」而非「七」，以別於上卦得「八」而下卦否，或下卦得「八」而上卦否者，使他占得八而涉上、下卦，則亦云皆「八」矣。正〈屯〉䷂悔〈豫〉䷏句絕，「皆八」自爲一句。〔註237〕

趙汝楳此處即明指（貞）正〈屯〉䷂悔〈豫〉䷏皆八，乃由本卦〈屯〉變爲之卦〈豫〉䷏，二者六二、六三及上六策數皆「八」事涉上、下兩卦，

---

〔註235〕愚推論得證曾言：「倘『貞』、『悔』眞如程迥所言一般，則非但『貞〈屯〉䷂悔〈豫〉䷏皆八』得解，就連『得〈泰〉䷊之八』、『遇〈艮〉䷳之八』亦同得證，然何以適得其反，互爲矛盾？」（請參本文第三章〈歷代諸家之說·程迥之說〉，頁60。）

〔註236〕轉引〔元〕俞琰撰：〈占用貞悔〉，《讀易舉要》，收入景印《文淵閣四庫全書·經部15·易類》（臺北：臺灣商務印書館，1983年），第21冊，卷1，頁402。

〔註237〕參閱〔南宋〕趙汝楳撰：〈先傳考第三·皆八〉，《筮宗》，收入嚴靈峯編輯：《無求備齋易經集成》（臺北：成文出版社，1976年據清同治十二年奧東書局刊本影印），第154冊，頁88。

是以謂之「皆八」，此乃異於「〈艮〉䷳之八，下卦得「八」而上卦否或〈泰〉
䷊之八，上卦得「八」而下卦否之稱法」，〔註238〕並謂其句讀應爲「正〈屯〉
䷂悔〈豫〉䷏，皆八。」

　　趙氏雖於程迥「爻變占法」頗有意見，且對程迥解釋貞〈屯〉䷂悔〈豫〉
䷏皆八說法不表贊同，〔註239〕惟對於「貞」、「悔」乃「本卦」、「之卦」；「內
卦」、「外卦」之論猶依例遵循，毋有疑議。朱熹門人林至（？）亦遵程、朱
之說，謂之：

> 如晉公子重耳，筮得「〈屯〉䷂貞悔〈豫〉䷏皆八也」。蓋初、四、
> 五，三爻變也；二、四、六，三爻不變者皆少陰也。以本卦爲「貞」、
> 之卦爲「悔」，合二變卦縣辭而言之，亦論變爻也。〔註240〕

林至猶視貞〈屯〉䷂悔〈豫〉䷏筮例乃初、四、五，三爻變筮例。本卦、
之卦二、四、上，三爻不變咸少陰皆八，故以本卦爲貞，之卦爲悔。依司空
季子言「皆利建侯」及筮史所云「爻無爲也」，而稱「合二卦卦辭兼論變爻以
占。」取卦爻辭論占之說雖林至己見，惟貞「本」、悔「之」之說，依然承襲
程、朱二氏之言，无有改變。

　　嗣後〔元〕吳澄（1249～1333）雖師承朱熹再傳弟子饒魯〔註241〕（1193

---

〔註238〕趙汝楳謂：「〈艮〉䷳之八一爻不變在下卦之二；〈泰〉䷊之八一爻不變在上
　　　　卦之五故，但稱之八。」（參閱〔南宋〕趙汝楳撰：〈先傳考第三・皆八〉，《筮
　　　　宗》，頁88。）按：趙氏稱「〈泰〉䷊之八」爲六五爻不變之筮例，然其如
　　　　何得知並無交待，乃美中不足之處。其說法與愚之論證結果不謀而合，論證
　　　　過程，請參本文第六章〈之「八」、皆「八」之眞象〉，頁148～150。
〔註239〕趙汝楳謂「程氏之說亦有可議。」參閱〔南宋〕趙汝楳撰：〈先傳考第三・皆
　　　　八〉，《筮宗》，收入嚴靈峯編輯：《無求備齋易經集成》（臺北：成文出版社，
　　　　1976年據清同治十二年奧東書局刊本影印），第154冊，頁87。
〔註240〕參閱〔南宋〕林至撰：《易裨傳》，收入〔清〕徐乾學等輯：《通志堂經解》（臺
　　　　北：大通書局，1970年），《易》第3冊，頁1452。
〔註241〕按：「饒魯字伯輿，一字仲元，餘千人。髫齡有志於學，稍長，從黃勉齋幹、
　　　　李宏齋燔學」；黃百家曾云：「黃勉齋幹得朱子之正統。其門人一傳於金華何
　　　　北山基，……。又於江右傳饒雙峯魯。其後遂有吳草廬澄，上接朱子之經學
　　　　可謂盛矣」；且依「雙峰學業表」知程若庸列饒魯門人。觀此三條例，猶知饒
　　　　魯乃朱熹再傳弟子，程若庸且三傳弟子，吳澄列其門下。（參閱〔清〕黃宗羲
　　　　撰：〈雙峯學案〉，《宋元學案》，見王雲五主編《萬有文庫薈要》（臺北：臺灣
　　　　商務印書館，1965年），第21冊，卷83，頁87；頁88；頁85。）

～1264）門人程若庸（？），〔註242〕且〔清〕全祖望（1705～1755）亦言：「草廬出於雙峰（饒魯），固朱學也，其後亦兼主陸學。」〔註243〕然吳澄於「貞」、「悔」二字之義，則未采朱子「本卦」、「之卦」之說，乃獨幟一格，祇引《左傳》、京房、鄭玄一脈之訓，而謂：「貞者，主其事，如木之楨榦，正而固也。占者，宜於正，主其事也。」〔註244〕又稱：「悔，謂事關敗而追恨也。」〔註245〕且云：「貞者正，主其事也。」〔註246〕更言：

> 悔謂可追恨也。吉、凶、悔、吝四字，吉、凶、吝只一義，悔有二義，以占而言者，與吉、凶、吝為類，有悔、无悔、悔亡是也；單言悔者與貞字為對，非言占也，貞者於理，是而正主其事也。悔者於理，非而欲改其事也。〔註247〕

吳澄以為「悔」字存有二義，於論占辭之時，猶與「吉、凶、吝」三者歸為一類，諸如「有悔」、「无悔」、「悔亡」等等，此為一義；然單論「悔」與「貞」字二者相對之際，則非言占辭之解，而謂：「貞」於事理，乃「是而正主其事」，「悔」者猶「非而欲改其事」，此為悔之第二義解。

觀其字義雖循朱子之訓，然咸與京房：「貞，本；悔，末」、鄭玄：「貞，正；悔，終」一脈相類，未脫其藩籬。且由以下之言，猶更顯明：

> 悔之不為占辭，而與貞之一字為對者，今詳言之：貞如木之有楨幹，一定不易者也；悔如事之有改悔，更易不定者也，故奕者既下子而復欲改移，謂之悔。重卦之內卦為貞，外卦為悔，蓋是以內之一卦

---

〔註242〕黃百家曾云：「幼清（吳澄字幼清）從學於程若庸，為朱子之四傳。」（參閱〔清〕黃宗羲撰：〈草廬學案〉，《宋元學案》，見王雲五主編《萬有文庫薈要》（臺北：臺灣商務印書館，1965 年），第 23 冊，卷 92，頁 6。）

〔註243〕〔清〕黃宗羲撰：〈草廬學案〉，《宋元學案》，見王雲五主編《萬有文庫薈要》第 23 冊，卷 92，頁 5。

〔註244〕參閱〔元〕吳澄撰：〈上經第一〉，《易纂言》，收入嚴靈峯編輯：《無求備齋易經集成》（臺北：成文出版社，1976 年據清康熙十九年通志堂原刊本影印），第 35 冊，頁 33～34。

〔註245〕同上註，頁 35。

〔註246〕參閱〔元〕吳澄撰：〈占例第八〉，《易纂言外翼》，見王雲五主編：《四庫全書珍本別輯》（臺北：臺灣商務印書館，1975 年據國立故宮博物院所藏文淵閣本影印），卷 5，葉 6。

〔註247〕同上註，葉 9。

爲主，以其一定，故曰貞，外之八卦爲客而更迭重於內卦之上，以

其屢更，故曰悔。〔註248〕

吳澄謂：「貞」有如木柱一般，直而正固，堅定不易；「悔」字猶如下棋者，舉棋不定，下而復欲更張。且云：重卦之內卦爲貞，外卦爲悔，乃以內卦爲主，以其正固一定，故曰「貞」；外卦爲客，交替更易於內卦之上，因其常常變動，是以言「悔」。

　　吳氏此處之「主」、「客」說，則依朱熹所謂：「這貞、悔亦似今占卜，分甚主、客」〔註249〕之言，然仍以「主爲內卦」、「客指外卦」爲解，雖采朱子之云，惟據《左傳》之實，前後均無一言及「本卦、之卦」，於此可知吳澄於「貞」、「悔」二字之解釋，有其一定之認知，不全納程、朱二氏之論，是以祖望始言：「然草廬之著書，則終近乎朱。」〔註250〕「近乎」二字猶非「全然」是也。

　　與吳澄同時之胡炳文（1250～1333）亦稟相同持論，更云：「且卦以內爲貞，外爲悔。〈乾〉☰上九，外卦之終，曰『有悔』；〈坤〉☷六三，內卦之終，曰『可貞』，貞、悔二字，豈非發諸卦之凡例歟？」〔註251〕然稍後之俞琰（1258～1314）卻稱：「占法有『貞』、『悔』。凡卦六爻皆不變，則以『內卦』爲貞、『外卦』爲悔；變則以『本卦』爲貞、『之卦』爲悔。」〔註252〕反一字不漏，照單全收，咸采程、朱之語。

　　迄〔明〕張世寶（？）亦全遵程、朱之言，其謂：「本卦爲始，之卦爲悔

〔註248〕參閱〔元〕吳澄撰：〈占例第八〉，《易纂言外翼》，見王雲五主編：《四庫全書珍本別輯》（臺北：臺灣商務印書館，1975 年據國立故宮博物院所藏文淵閣本影印），卷5，葉10～11。

〔註249〕詳參〔南宋〕黎靖德編著：〈易二・綱領上之下・卜筮〉，《朱子語類》（臺北：正中書局，1982 年據國立中央圖書館藏明成化九年江西藩司覆刊），卷66，頁2604。

〔註250〕參閱〔清〕黃宗羲撰：〈草廬學案〉，《宋元學案》，見王雲五主編《萬有文庫薈要》（臺北：臺灣商務印書館，1965 年），第23 冊，卷92，頁5。

〔註251〕參閱〔元〕胡炳文撰：〈周易上經〉，《周易本義通釋》，收入景印《文淵閣四庫全書・經部18・易類》（臺北：臺灣商務印書館，1983 年），第24 冊，卷1，頁311。

〔註252〕〔元〕俞琰撰：〈占用貞悔〉，《讀易舉要》，收入景印《文淵閣四庫全書・經部15・易類》（臺北：臺灣商務印書館，1983 年8 月），第21 冊，卷1，頁402。

爲終。」〔註253〕且解云：

> 凡有動爻，便有之卦。以本卦爲貞，之卦爲悔，凡爻靜無之者，便
> 取內卦爲貞，外卦爲悔，以貞爲始，以悔爲終。〔註254〕

張世寶仍循朱熹「一式『貞』、『悔』兩套說法」，將「貞」、「悔」分成有變爻之「本卦」——貞、「之卦」——悔；無爻變之「內卦」——貞、「外卦」——悔，且貞、悔，始、終之說亦無離朱熹範疇。更且與京房《易》傳相合以解京房《易》占，其謂：「內爲己外爲他，喜生喜合。應爲賓，世爲主，嫌剋嫌冲。我生他而半吉，他剋我以全凶」〔註255〕並注曰：

> 凡內卦爲我，外卦爲他。又云：以世爲我，應爲他，如外生內，應
> 生世者，全吉。遇合更加其美。若內生外，世生應者半吉；如應剋
> 世、外剋內者全凶。其中世剋應或內剋外者半凶，逢冲則凡謀不遂，
> 凡事不成。或宜生或宜剋者，另當詳審。〔註256〕

張世寶將內卦「貞」喻爲「自我」，外卦「悔」爰爲「他人」，且又引京房《易》「世」、「應」之說爲「內」、爲「我」；爲「外」、爲「賓」以論相生相剋之占。其言：內、外相比爲美，外生內爲佳；內剋外半凶，外剋內全凶；內生外半吉，外生內全吉。或宜生、宜剋，端視所求爲何？須當詳審。

　　觀張氏之言，無爻變者內卦爲貞、外卦爲悔，二者內、外論其相生相剋尚可理解，然倘有爻變之「本卦」、「之卦」二者又如何「貞」、「悔」相論生、剋？其以程、朱之說摻入京氏《易》占，則僅能言及八宮任一卦之小成貞、悔，其言「凡有動爻，便有之卦」亦僅限八純卦任一爻變所得之「八宮卦」，並無論及本「貞」、之「悔」生剋乙事。其「本」（八純卦）、「之」（八宮卦）二卦吉、凶、悔、吝既無以能斷，此本卦爲「貞」、之卦爲「悔」之伸述又有何義？故愚以爲其援引目的，亦祇爲己論，尋一可令人信服之依據耳。

---

〔註253〕參閱〔明〕張世寶撰：〈易林總斷章〉，《易林補遺》（上海圖書館藏：乾隆壬辰年（1772），金閶書業堂藏板），卷之1，葉3。
〔註254〕同上註。
〔註255〕同上註，葉4。
〔註256〕同上註。

清初大儒黃宗羲（1610～1695）之於「貞」、「悔」二字，咸遵程、朱兼采之態度，其謂：

> 《周禮》太卜，經卦皆八，別皆六十四。占人以八卦占筮之八故，則六十四卦統言之，皆謂之八卦也。蓋內卦爲貞，外卦爲悔，舉貞可以該悔，舉乾☰之貞，而坤☷乾☰、震☳乾☰、巽☴乾☰、坎☵乾☰、離☲乾☰、艮☶乾☰、兌☱乾☰，該之矣，以下七卦皆然。〔註257〕

黃氏之云坤☷乾☰以下者，乃言朱子「一貞八悔」之義，坤☷乾☰即爲〈泰〉䷊，以下依次爲〈大壯〉䷡、〈小畜〉䷈、〈需〉䷄、〈大有〉䷍、〈大畜〉䷙、〈夬〉䷪。舉內卦乾☰爲貞，所形成「一貞八悔」之例，猶已涵蓋各外卦（悔）成爲貞卦時相垺之道理，黃氏貞爲內卦，悔爲外卦之說，咸遵朱子之言。黃氏又謂：

> 凡占一卦，視其卦之當位與否？當位，則不變；不當位，則變。卦既變矣，視其所直之爻當位與否？當位，則不變，不當位，則變，以終變之卦爲準。終變之卦即不當位亦不變，本卦爲貞，變卦爲悔，當位則吉，不當位則凶。〔註258〕

黃氏且論當遇變卦時，本卦爲貞，變卦爲悔之說法，咸與程、朱三爻變之說一般。由此可知，連黃宗羲如此大儒，仍以「內卦」、「本卦」爲貞；「外卦」、「變卦」爲悔，參雜運用以論占筮之卦變。〔清〕李光地（1642～1718）於注解朱熹《易學啓蒙》「貞」、「悔」之義時，謂之：

> 沙隨程氏曰晉公子重耳，筮得國，遇貞〈屯〉䷂悔〈豫〉䷏皆八。蓋初與四、五凡三爻變也；初與五用九變，四用六變，其不變者，二、三、上，在兩卦皆爲八，故云皆八。而司空季子占之曰皆利建

〔註257〕請參〔清〕黃宗羲撰：〈先天圖〉，《易學象數論》，收入王雲五主編：《四庫全書珍本》（臺北：臺灣商務印書館，1976年據國立故宮博物院所藏文淵閣本影印），卷1，葉17。

〔註258〕同上註，卷5，葉11。

侯。〔註259〕

觀此，顯見李氏於「貞」、「悔」之說，更引程氏之論以贊朱子之言。或解朱熹：「凡卦六爻皆不變，則占本卦《彖》辭，而以內卦爲貞，外卦爲悔」之筮法時，且假杜預之注以證朱子之辭，李光地云：

> 《彖》辭爲卦下之辭。孔成子筮立衛公子元遇〈屯〉䷂，曰利建侯；
> 秦伯伐晉，筮之遇〈蠱〉䷑，曰貞，風也；其悔，山也。〔註260〕

是以李光地猶如程、朱一般，視「貞」、「悔」二字，有變爻與不變爻之區別存在。嗣後，江永（1681～1762）亦采朱熹之論，謂之：「三爻變者，當占本卦、變卦《彖》辭。晉文公筮得『貞〈屯〉䷂悔〈豫〉䷏皆八』，司空季子占之皆曰：『利建侯』是也。」〔註261〕之後，全祖望（1705～1755）更於回答學生提問時直言：「貞、悔之例有變爻，則以本卦、之卦分之；無變爻則以內卦、外卦分之。」〔註262〕無非咸依程、朱「貞」、「悔」之說以示。

## 第七節　小　結

　　總之，眾家之例，不勝枚舉，無暇複贅。惟泊程、朱以降，襲其「貞」、「悔」之說，至今已成定論，眾方家均採：「無爻變者，其貞卦與悔卦，即指六十四卦卦體之『下卦』與『上卦』，『上卦』爲悔，『下卦』爲貞；論卦變，則『本卦』（即靜卦）爲貞，『之卦』（猶變卦或動卦）爲悔。」是以，今日孰能曉然此說法，乃程迥爲解「貞〈屯〉䷂悔〈豫〉䷏皆八」而所發明區分之「代名詞」？又孰肯探究，其實際之適用性，亦僅侷限於「皆八」筮例之

---

〔註259〕 詳參朱熹撰：〈考變占〉第四，《易學啟蒙》，見〔清〕李光地等撰：《周易折中》，收入景印《文淵閣四庫全書・經部32・易類》（臺北：臺灣商務印書館，1983年8月），第38冊，卷20，頁502。

〔註260〕 同上註。

〔註261〕 參閱〔清〕江永撰：〈春秋補義〉，《羣經補義》，收入景印《文淵閣四庫全書・經部188・五經總義類》（臺北：臺灣商務印書館，1983年），第194冊，卷2，頁32。

〔註262〕 〔清〕全祖望著：〈易問目答董秉純〉，《經史問答》，收入沈雲龍選輯：《明清史料彙編》（臺北：文海出版社，1969年），第5冊，卷1，1658～1659。

解釋爾？〔註263〕如此之眞象，或恐非朱子當初始料之所及也。

　　惟有與朱熹同時代之學者項安世（1129～1208），於「貞」、「悔」二字之看法未受程氏之影響，於當時即質疑：「人但知內卦爲貞，外卦爲悔，不知其何說也？」〔註264〕且提出異於程、朱二人之解釋：

> 竊意夏、商筮法，止用貞、悔；至文王之《易》以變爻爲占，六爻
> 皆不變者，乃占貞、悔，則不止用二矣。〔註265〕

項氏云〈洪範〉「貞」、「悔」二字，乃夏、商當時之筮法，而至《周易》以變爻爲占之際，六爻皆不變者仍占「貞」、「悔」，餘則以變爻爲占，是以筮法已不止用「貞」、「悔」二字矣。

　　項平庵以爲「貞」、「悔」二字，自夏、商演變至周時，由於筮法有所改變，因而「貞」、「悔」二字於《周易》筮法，僅用於六爻皆不變之「內」、「外」卦筮例，餘有變爻者不適用之。

　　愚以爲，項氏言：「至文王之《易》以變爻爲占」之說，雖相類於蘇軾：「變者，則止以所變之爻占之」一語，然依所云：「竊意夏、商筮法，止用貞、悔」之說法，則章顯出項氏對於「貞」、「悔」二字之認知，基本是採納韋昭注解《國語》：「筮史，〈筮人〉：掌以三《易》辨九筮之名，一、夏《連山》；二、殷《歸藏》；三、《周易》，以《連山》、《歸藏》占此兩卦皆言不吉。」〔註266〕及杜預注解《左傳》：「《周禮》：大卜掌三《易》。然則雜用《連山》、《歸藏》、《周易》。二易皆以七、八爲占，故言遇〈艮〉䷳之八」〔註267〕之看法。

---

〔註263〕驗證過程，請詳參本文第三章〈歷代諸家之說・程迥之說〉，頁57～61。

〔註264〕〔南宋〕項安世撰：〈說經篇三・曰貞曰悔〉，《項氏家說》，收入王雲五主編：《四庫全書珍本別輯》（臺北：臺灣商務印書館，1975年據國立故宮博物院所藏文淵閣本影印），卷3，葉17。

〔註265〕同上註，葉17～18。

〔註266〕參閱〔周〕左丘明撰，〔三國・吳〕韋昭注：〈晉語四〉，《國語》（臺北：臺灣中華書局，1966年據士禮居黃氏重雕本校刊），卷第10，葉10。按：韋昭注解貞〈屯〉䷂悔〈豫〉䷷皆八筮例，爲《連山》、《歸藏》二《易》占筮之例，即援引《周禮・筮人》掌三《易》之說而來，之所以「皆八」，乃二《易》占筮之結果。

〔註267〕參閱十三經注疏本《春秋左傳正義》（北京：北京大學出版社，2000年），卷第30，頁997。

　　項安世贊同韋昭、杜預二者注解「之八」、「皆八」，咸為夏、商筮法之占，言下亦已隱含否定程迥、朱熹「貞」、「悔」筮例之論，是以當可視此為間接否定程迥、朱熹所云：「遇貞〈屯〉䷂悔〈豫〉䷏皆八」為《周易》筮法三爻變筮例之旁證。